U0488005

岁朝佳兆图

岁末驱鬼祈福来

古画
GUHUACHUANQI
传奇

童年坎坷的皇帝

明代皇帝爱好大都很独特，宣德皇帝喜欢蟋蟀，正德皇帝喜欢当大将军，嘉靖皇帝崇信道教，天启皇帝爱做木工……以至于衬托得本文的主角成化皇帝朱见深比较正常，史籍记载他"擅诗赋，工绘事"，是一位有文艺才华的皇帝。

朱见深是明朝的第八位皇帝，正统皇帝朱祁镇的儿子，公元 1464 年继位，在位 23 年，年号成化；公元 1487 年驾崩，庙号为宪宗。

朱见深是正统皇帝的长子，他那本该无忧无虑的童年，却因为上一辈的恩怨而充满惊险。正统十四年（1449 年）瓦剌入侵，自以为英明神武的皇帝朱祁镇不顾大臣们的反对，亲率五十万大军出征，结果兵败被俘，史称"土木堡之变"。瓦剌原想以皇帝为要挟，但明廷一看形势不妙，当机立断拥立郕王朱祁钰为皇帝，改年号为景泰，并立年仅两岁的朱见深为太子。

瓦剌大概也没想到，原以为是谈判筹码的正统皇帝就这样变为太上皇，毫无实际用处，于是扣押了一年多便将其送了回来。上一任皇帝生龙活虎地回来了，现任皇帝却不愿让出皇位。于是，景泰皇帝将兄长朱祁镇囚禁于南宫，废了侄子朱见深的太子之位，改立自己的儿子朱见济为太子。可惜新太子朱见济命短，第二年就去世了。

景泰八年（1457 年）正月，趁着景泰皇帝得了重病，正统皇帝在大臣石亨、徐有贞等人的帮助下复辟，重新登上帝位，改年号为天顺，史称"夺门之变"。景泰帝又当回了郕王，11 岁的朱见深又当回了皇太子。

年幼的朱见深经历了立太子—废太子—复立太子的曲折过程，在剑拔弩张的宫廷斗争中经历人情冷暖，时刻担心自己有生命危险，心理难免会受到创伤。这种心理创伤多少会投射到现实生活中，比如成化皇帝有口吃的毛病，恋慕比自己大十几岁的万贵妃，多年不见朝臣，等等。

公元 1464 年，朱见深终于登上了皇位，年号成化，新一代帝王的统治就此开启。历史对朱见深的评价褒贬不一，有人说他优柔无能、宠信奸佞，也有人说他颇有手腕、平和治世。《明宪宗实录》评价："上以守成之君，值重熙之运，垂衣拱手，不动声色而天下大治。"这段话形象地描绘出一个胸有城府的帝王，虽有官修史书的溢美之嫌，但也算符合史实。土木堡之变后，明朝元气大伤，英宗复辟后对朝堂进行了大规模清洗，诛杀于谦等重臣，再加上盗贼四起、灾害频发，此时的明王朝是内忧外患。客观来说，朱见深登基之初能安内攘外，宽和处事，重用贤臣，一定程度上恢复了明朝气象。

驱鬼祈福来

抛开沉重的国家政事，朱见深颇有艺术见地，他在位期间最有名的陶瓷艺术品就是"成化斗彩鸡缸杯"。斗彩瓷器创烧于成化年间，其工艺是先用青花勾出轮廓线，再在这个轮廓内填上彩，装饰效果精巧秀美。《明神宗实录》里记载"御前有成杯一双，值钱十万"，清代《陶说》里记载："成窑以五彩为最，酒杯以鸡缸为最。"这些记载指的就是斗彩鸡缸杯，它在明清时期就已经价值连城。

朱见深能诗会画，现有《岁朝佳兆图》《一团和气图》《达摩像图》等作品存世。收藏于故宫博物院的《岁朝佳兆图》，绢本设色，纵59.7厘米，横35.5厘米。"岁朝"的解释最早可见于《汉书·孔光传》："岁之朝曰三朝。"后来颜师古注释道："岁之朝，月之朝，日之朝，故曰三朝。"意思是一年的第一个早晨，同时是一年、一月、一天的开始，因此岁朝有"一岁之始"的含义。"岁朝佳兆"，有庆祝新的一年开始，并预报一岁平安吉庆之意。

画面描绘了钟馗正带领一名小鬼疾步前行，他脚蹬朝靴，一手扶在小鬼肩头，一手持一柄如意，身上宽大的衣服和帽子上的飘带随风而起，充满动态。朱见深对钟馗的刻画手法简练而生动。钟馗面部棱角分明，胡须根根髟起，双眼圆睁，鼻孔翕张，双唇紧闭，有种不怒自威的气场。他表情严肃，炯炯有神的眼睛紧盯着不远处飞来的一只蝙蝠。随行小鬼腕套金环，赤着双脚，双手高高举起盛满柏枝和柿子的大盘。"柏"与"柿"的组合，取其谐音，再搭配钟馗手中的如意，寓意"百事如意"。

据古籍记载，自唐代以来，我国很多地区都有挂钟馗像驱鬼的习俗。相传，唐明皇一次生病时梦见有小鬼入宫偷盗，一个戴帽子、穿蓝衣的大鬼跑进来，抓住小鬼就吃掉了。唐明皇上前询问，大鬼说自己叫钟馗，誓为大唐消灭天下的妖孽。唐明皇醒来以后，命令画工吴道子将梦中的大鬼绘制成像，悬挂起来以求驱鬼之效。

相传钟馗豹头环眼，铁面虬髯，相貌奇异。他是个才华横溢、满腹经纶的人，唐高祖武德年间赴京城应试，却因为貌丑而落选，一时激愤之下撞柱而亡。唐高祖听说了这事，感念钟馗才华蒙尘，性情刚烈，因此赏赐官袍且厚葬。钟馗死后神魂不灭，依然如生前一般正气浩然，刚直不阿，誓除遍世间恶鬼。

唐明皇做了一个梦，吴道子画了一幅画，钟馗的地位就确立了。历代以来，无论皇家还是民间，都愿意在新年时悬挂钟

《岁朝佳兆图》 明代 故宫博物院藏

柏柿如意

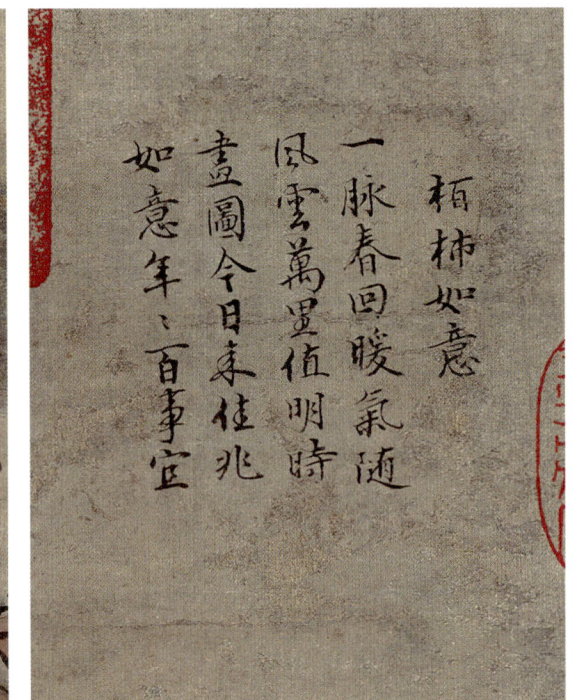

一脈春回暖氣通
風雲萬里值明時
畫圖今日來佳兆
如意年年百事宜

馗画像，以求驱鬼避凶，大吉大利。皇帝常在新年时将钟馗像赏赐给大臣，唐代张说在《谢赐钟馗及历日表》中就说："中使至，奉宣圣旨，赐画钟馗一，及新历日一轴者。"钟馗的画像多面目狰厉，手持利剑，身旁还常跟着小鬼。这并不是中国传统意义上的讨喜画面，却受到人们的追捧，钟馗也逐渐演变成为迎祥纳福的吉祥神仙。

画中"深意"

朱见深创作的作品在日常消遣之外，还非常善于运用绘画的"规鉴"作用。《岁朝佳兆图》是古代带有吉祥寓意的常见题材，可是处在帝王之家的朱见深亲手创作此画，应该别有一番深意。

明太祖朱元璋在位时曾设锦衣卫，锦衣卫的首领称锦衣卫指挥使，主要由皇帝的亲信担任，他们直接向皇帝负责，权力很大。到了明成祖朱棣时，又设东厂，权力在锦衣卫之上，主要由宦官构成，负责管理东厂的太监被称为厂公或督主。

到了成化十三年（1477年），朱见深命宠臣汪直率领百余名锦衣卫组建西厂。多年以后，西厂的势力持续扩大，超过东厂，活动范围自京师遍及各地，堪称明朝最大的特务组织。宦官汪直一度权倾天下，屡兴大狱，结党营私，随意给那些与其不一心的朝廷要臣定罪。

在明朝厂卫中，西厂后来居上，其权势超过锦衣卫、东厂。据传当时的百姓甚至一度只知道有汪直太监，却不知道有皇上。这样一来，西厂与皇权产生了极大的矛盾，犯了大忌，使得朱见深不得不疏远并处置汪直。

在这样的历史背景下，朱见深创作了这幅《岁朝佳兆图》，看似贺岁吉祥的画面中隐含着借助钟馗捉鬼的寓意，显得意味深长。此画落款有"成化辛丑文华殿御笔"，说明此画作于成化十七年（1481年）。两年后，汪直被贬去南京，从此再也没有重返权力舞台。

柿柿如意
一粒春回暖氣通
風雲萬里任翱翔
畫圖今日呈佳兆
如意年年百事通

观复猫 《岁朝佳兆图》

钻入古画的观复猫

新年到，猫馆长要钻进《岁朝佳兆图》里祈福迎祥。要说扮钟馗，小二黑最合适，因为他在观复博物馆就负责安保工作，驱除危险，保护一馆平安。正直刚猛的小二黑换上一袭红衣，腰束蹀躞带，手持如意，扮演钟馗，旁边还有一只象征"诸事大吉"的可爱小猪随从。

古代宫廷和民间都有年节之时悬挂钟馗像以驱邪避鬼的风俗。所谓"岁朝佳兆"，是指一年之始的好兆头。既然是佳兆，画中各处都暗藏玄机，就让我们跟着小二黑一起看看，收获满满的福气吧！

观复猫

GUANFUMAOSHUOWENHUA

说文化

福从天降，百事如意

在《岁朝佳兆图》画面的右上方，可见成化皇帝朱见深的御笔题诗《柏柿如意》：

一脉春回暖气随，风云万里值明时。

画图今日来佳兆，如意年年百事宜。

诗意很直白：新春将至，气象一新，按照传统风俗画一幅钟馗像，祈求新的一年只有好兆头，百事都如意。诗中的"如意""百事"暗合画中钟馗拿的如意，以及小鬼手中捧的柏枝与柿子。

画面中还有红色蝙蝠飞来。"蝠"谐音"福"，因此蝙蝠在中国传统文化中非常受欢迎，很多吉祥纹饰中都有蝙蝠的形象出现。比如，蝙蝠飞来寓意"福从天降"，红色的蝙蝠寓意"洪福齐天"，五只蝙蝠围绕着一个"寿"字，叫"五福捧寿"。

白玉金垒丝镶红宝石蹀躞带一组

明代　观复博物馆藏

蹀躞带是古代流行的一种腰带，从围腰的革带上垂下来几条小带子，用于悬挂日常所用物件。这些垂下来的小带子就称作蹀躞。沈括的《梦溪笔谈》说："带衣所垂蹀躞，盖欲佩带弓剑、帉帨、算囊、刀砺之类。"

唐代从皇室宫廷到达官显贵，均以佩用有玉带板装饰的蹀躞带为荣，这种风俗一直延续到明清时期。小二黑的这件蹀躞带共有 37 块带板，每块均选用白玉，充分利用金的延展性，以垒丝技法包裹白玉，并镶嵌红宝石，工艺精湛，极尽奢华。其垂下的三条蹀躞，已经不再用于悬挂物品，仅保留了装饰功能。

铜雕灵芝形如意
宋代　观复博物馆藏

"如意"是一个古老的称谓，至晚秦汉时期就开始有这个词语了。对于中国人来说，"如意"的意思非常明确，就是"如你的意思"或是"如我的意思"。所以在古代，如意常常被当作礼物送人，尤其是在逢年过节的时候。

这件如意以铜为材质，以灵芝为造型，随形长柄曲折自然，如意头即为灵芝头，古朴却不失轻灵。中国文化历来对灵芝有一种敬仰。灵芝身上的神秘色彩挥之不去，人们认为它是吉祥如意、美好长寿的象征。

景德镇窑青白釉五瓣花柿形盒
北宋　观复博物馆藏

此件景德镇窑柿形盒釉色介于青白之间，清润淡雅。器型圆润，呈柿形，子母口，精巧别致。盒身有五瓣花叶纹，线条明晰，装饰感强。此盒为刀刻，非模制，属于北宋早期工艺。

"柿"谐音"事"，常被赋予"事事大吉""万事如意"等吉祥寓意，柿子造型的器物也非常受欢迎。在绵延千年的中国传统文化中，寻求吉祥是一件重要的事，它凝结着中国人的伦理情感和审美趣味，体现着人们对于美好生活的向往与追求。

陽曲閭公匡

閭宗次子□

竹园寿集图

一场高级"生日趴"

古画
GUHUACHUANQI
传奇

流芳千古说雅集

今天的年轻人流行将英文"party"根据谐音简化成"趴",代指沙龙、聚会。那么古人的聚会叫什么名字呢?

古代的文人雅士通常将聚会称作雅集,这名字听起来就很有文化。雅集的目的或为文人交友,或为文化交流,或为排遣娱乐。自三国时期开始雅集活动就十分流行,唐宋以后更多,有名人高士参与的雅集往往能流传后世。历史上著名的雅集不胜枚举,如西晋竹林七贤的雅集,东晋王羲之的兰亭雅集,唐代王昌龄的琉璃堂雅集,唐代白居易的香山雅集,宋代苏轼、黄庭坚等人的西园雅集,等等。

这些知名雅集令后人津津乐道,心生敬仰,还留下了诸多以雅集为主题的文化宝藏,比如王羲之的书法《兰亭集序》、五代周文矩的《琉璃堂人物图》、北宋李公麟的《西园雅集图》,都是国宝级的艺术品。

文人的风雅代代相传,后代常有追摹前代之作。明代画家谢环曾作《杏园雅集图》,描绘了正统年间内阁大臣杨士奇、杨荣、杨溥、王英等九人在杨荣府邸杏园聚会的场景。此画人物逼真,造型写实,颇具肖像画特质,是明朝一度流行的绘画形式,此后弘治年间的《竹园寿集图》便是受此影响而创作。

热闹的"生日趴"

《竹园寿集图》,绢本设色,纵33.8厘米,横395.4厘米,故宫博物院藏。画卷之首有隶书"竹园寿集"四字,以及"丹山"(指屠滽)二字,卷后有明代书法家录吴宽的《竹园寿集序》,另有吴宽、屠滽、周经、王继、闵珪、佀钟、秦悦民、许进、李孟旸、顾佐十人亲笔题诗,卷尾为周经题《序竹园寿集诗后》跋文。

这幅将近4米的作品不仅有绘画,还附带多人写的序、诗和跋。通过这些文字,我们能够得知《竹园寿集图》的创作意图和过程。卷后《竹园寿集序》中开头就说明了这是一次"生日趴":为庆祝太子太傅、吏部尚书屠滽,太

《竹园寿集图》 明代 故宫博物院藏

子少保、户部尚书周经,以及都察院右都御史侣钟三人的六十寿辰,几位交好的臣僚来到周经家的"竹园"一起庆贺。撰写诗文、序、跋的十人,都是参加此次生日聚会的人。

竹园的环境十分优美,有怪石苍竹,鸣鹿舞鹤,莲池鸳鸯。灵巧的仆童穿梭其间,为客人奉茶抱盒,捧砚打扇,逗弄仙鹤起舞以娱主人。三位寿星和参与聚会的诸公或品茶观鹤,或挥毫赏画,或吟诗作赋,各自享受文人聚会独有的高雅氛围。卷后吴宽作诗:"七客同期贺诞辰,古诗三寿句犹新。合为一百八十岁,总是东西南北人。"点明了三人都是六十大寿,加起来一百八十岁,颇为幽默。

细细看来，《竹园寿集图》共有 14 位参与雅集的聚会之人和 15 位侍奉照应的童仆。画中每一位参加者旁边都题有名字，从图右至左依次为：郓城倪公钟，灵宝许公进，阳曲周公经，周公次子鲁，周公长子孟，睢州李公孟旸，临淮顾公佐，鄞邑屠公滽，长洲吴公宽，祥符王公继，乌程闵公珪，舒城秦公民悦，锦衣吕公纪，锦衣吕公文英。这次聚会是在周经家举办的，所以他的两个儿子也忙前忙后，招呼客人。这些名字很有意思，除了卷尾两人和周经的儿子，其余十人均以籍贯开头，然后在姓名中间加"公"字以示尊敬。

参加生日雅集的吴宽、屠滽、周经等人大多是明代成化、弘治朝的官员，画面中无论宾客还是主人，皆身着官服，但官服的颜色略有不同。按照明制官阶：一品至四品为绯袍，五品至七品为青袍，八品、九品为绿袍。如此一来，谁的官职更高便一目了然。

大吕和小吕

卷尾题名"锦衣吕公纪""锦衣吕公文英"的两人，就是创作这幅画卷的宫廷画家吕纪和吕文英。他们分别身着绿色和青色官袍，正在一同观赏仆童展开的画轴。与其他几人不同，他们姓名前不缀籍贯，"锦衣"指官职，即锦衣卫。

这对现代人来说可能不好理解——锦衣卫明明负责的是刑狱、情报、军事，怎么会有专职画家？由于礼制的需要，历代王朝几乎都在宫廷中招收专门的画家从事绘画创作，一些时期的宫廷画家甚至还有专门的管理机构，像宋代的翰林图画院就非常具有代表性。而在明代，有画院之实，却无正式的画院之名。另外，宋、明两代都没有专门设与画相关的官职，宫廷画家多被授予其他机构的武官官职。明代嘉靖以前的宫廷画家多被授予"锦衣卫"的官职。清代胡敬的《国朝院画录》中记载，画家的职级依次为：锦衣都指挥、锦衣指挥、锦衣千户、锦衣百户、锦衣镇抚。宫廷画家虽任职锦衣卫，但并不掌握锦衣卫的实权。

吕纪和吕文英均是当时著名画家，共同供奉内廷，被称为"大吕""小吕"。吕纪是浙江宁波人，他擅长水墨写意山水和工笔重彩花鸟，其中尤以花鸟闻名于世，与明代著名的院体花鸟画画家林良齐名。他笔下的凤凰、仙鹤、孔雀、鸳鸯等禽鸟羽毛艳丽，搭配工整细致的花卉树木，场景极为富丽。吕文英则是浙江丽水人，他擅长画人物，画风工整严谨。其人物画面容写实，动态体现性格，细致入微。

明弘治己未年（1499年），吕纪和吕文英受邀为屠滽、周经、倪钟的生日聚会作画记录。《竹园寿集序》写道："坐有善绘事者为锦衣二吕君，屠公援宣德初馆阁诸老杏园雅集故事曰：'昔有图，此独不可图乎？'二君遂欣然模写，各极其态。"原来，这幅画的诞生源于屠滽的提议，仿照前朝"杏园雅集"的先例，为此次聚会也留下一幅图画写真。

吕纪擅画花鸟，吕文英擅画人物。《竹园寿集图》中苍树奇石、仙鹤花鸟，画工十分精细，应为吕纪之作；人物线条沉着老练，面部逼真写实，应为吕文英手笔。两位画家最大限度地发挥了各自的优点，相互配合构图布局，创作出这幅精美富丽的画卷。最后，画家将自己一起入画，给这场风雅热闹的祝寿雅集画上句号。一幅画作，二人合作，三人寿诞，传为佳话。

竹園壽集

观复猫 《竹园寿集图》

钻入古画的观复猫

《竹园寿集图》场景丰富，人物众多，观复猫选取了其中一部分演绎。庭院中摆放着黄花梨方桌和香几，其上放满了各色珍贵器皿，奢侈华丽，很符合朝廷要臣的身份和地位。

大阿宝饰演当天寿星之一的倪钟，身着红色官袍，手拿折扇。布能豹则饰演许进，身着青色官袍，手扶金带。他俩暂时收敛起平日的调皮，大方得体地端坐在交椅之上，欣赏庭院中的仙鹤起舞，显得成熟稳重。

左罗罗则饰演活泼好动的侍童，一边跳跃，一边拍手，引逗着仙鹤翩翩起舞。一猫一鹤，相互呼应，配合默契，好一番热闹的景象。

观复猫

GUANFUMAOSHUOWENHUA

说文化

黄花梨六足带托泥香几

明晚期　观复博物馆藏

"几"是一种非常古老的小型家具。香几在唐代叫香桌，功能很明确——可以摆放香炉焚香，后来慢慢发展为也可以放置其他杂物。香几一般有两种形状——圆形或者方形，样式比较多，有三足到八足不等，偶尔会有特别样式，但万变不离其宗。

此件香几选用黄花梨材质。圆形香几的足多为单数，或三或五，但此件香几为六足，非常少见。香几板面较厚，直束腰，腿部与面板连接处使用插肩榫，底设托泥，造型优美，有厚拙感。

仿汝窑象耳炉

明成化　观复博物馆藏

一般说到汝窑，指的是宋代烧造的汝瓷。身为宋代五大名窑之首，汝窑瓷器充满了传奇，身价贵重。后世多有模仿之作，试图追赶北宋汝窑的美学高度，但造型、釉色均难免带有烧造时代的特征。此件香炉为明代成化仿汝窑的精品之作。香炉采用青铜器簋的造型，两侧有象耳。青灰釉色浑厚光润，炉身遍布开片，古意盎然。

珐华春风得意图罐
明代　观复博物馆藏

珐华，始创于山西晋南地区，是一种在琉璃的基础上发展起来的低温彩釉陶器，亦称珐花或法花，始于元，盛于明，清渐衰。此罐丰肩鼓腹，近足处外撇，通体施孔雀蓝釉。大罐腹部塑造一书童，一戴乌纱帽、扬鞭策马的官人以及一挑担仆从，三人在万木葱茏的春日里快意前行。此画面取"春风得意"之意，源自唐代孟郊的"春风得意马蹄疾，一日看尽长安花"之句，表达的是应试高中之后的欣喜之情。

红漆描金人物龙凤纹倭角节盒
明晚期　观复博物馆藏

古代的"漆"并非油漆，而是漆树分泌的一种胶质，可以防腐。最初漆都是深棕色，刷多层后变成黑色。如果在漆中加入朱砂，就会变成红漆。棕、黑、红，是漆最早的三种颜色。有了颜色，漆就多了装饰的功能。

此件节盒木胎倭角，内部与外部均施以朱红色漆。节盒共有两层，上层为攒盘，盒身用描金技法绘出凤鸟纹、螭龙纹、双马纹等装饰纹样，盒盖则绘有人物祝寿图案。节盒红金两色搭配，颇具富贵之感。

錾寿字纹带盖金执壶

明代　观复博物馆藏

执壶，又称注子、注壶，隋代出现，功能为酒器。明清之后，造型增多，多用作茶具。此件执壶盘口，盖上饰花蕾形纽，纽下有金链与壶柄相连。长颈，颈下部连接一曲柄，流与壶身连接于下腹部，呈弧线形，曲线优美。壶身呈梨形，下腹部錾出一心形开光，内錾一"寿"字，取长寿之意。壶柄与流截面均为六方形，工艺精湛。此执壶造型端庄，线条流畅，金色的质地与精美的纹饰相得益彰。此种执壶兼具陈设和实用两种功能，既可装饰空间，也可用于盛宴。

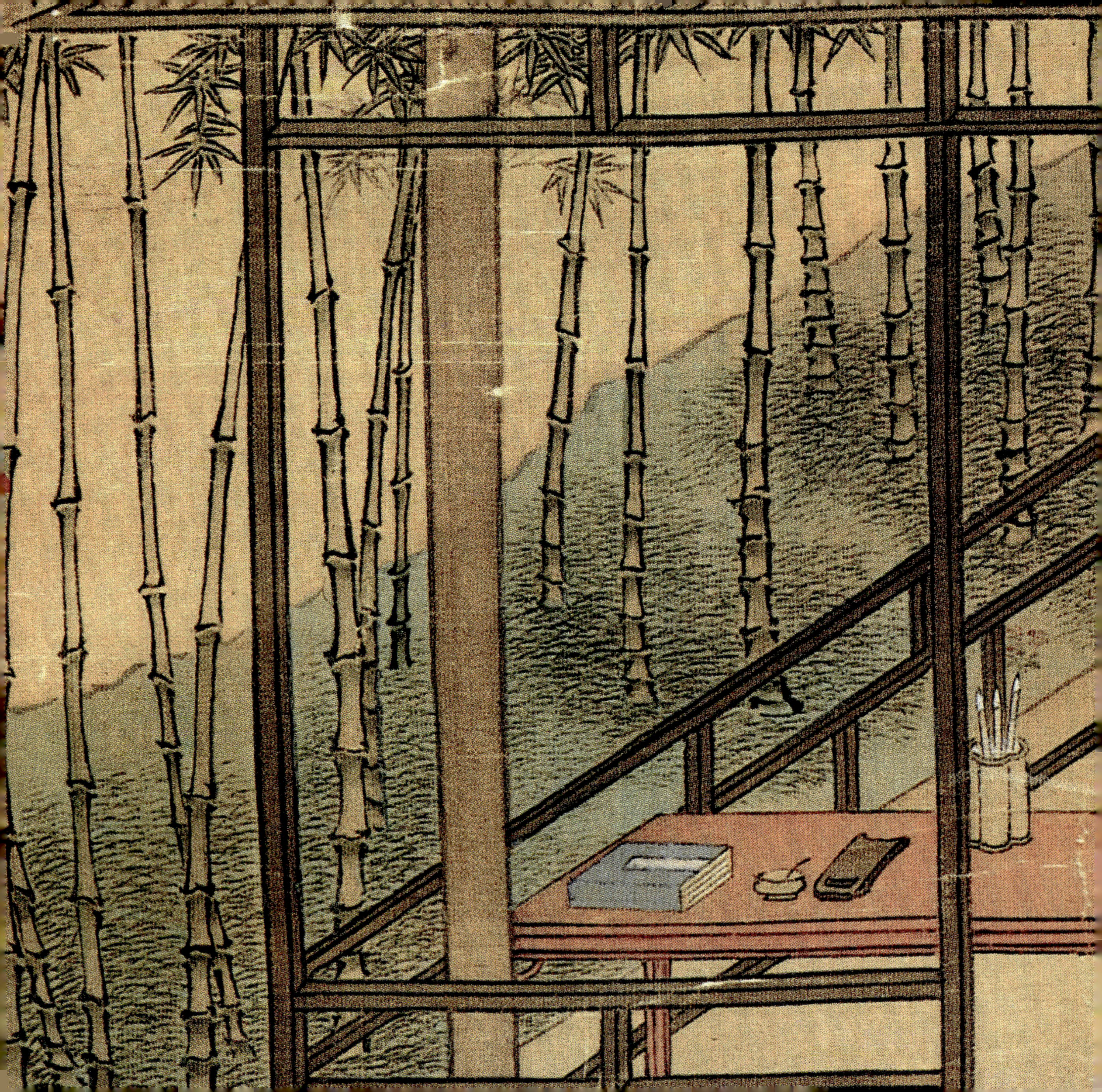

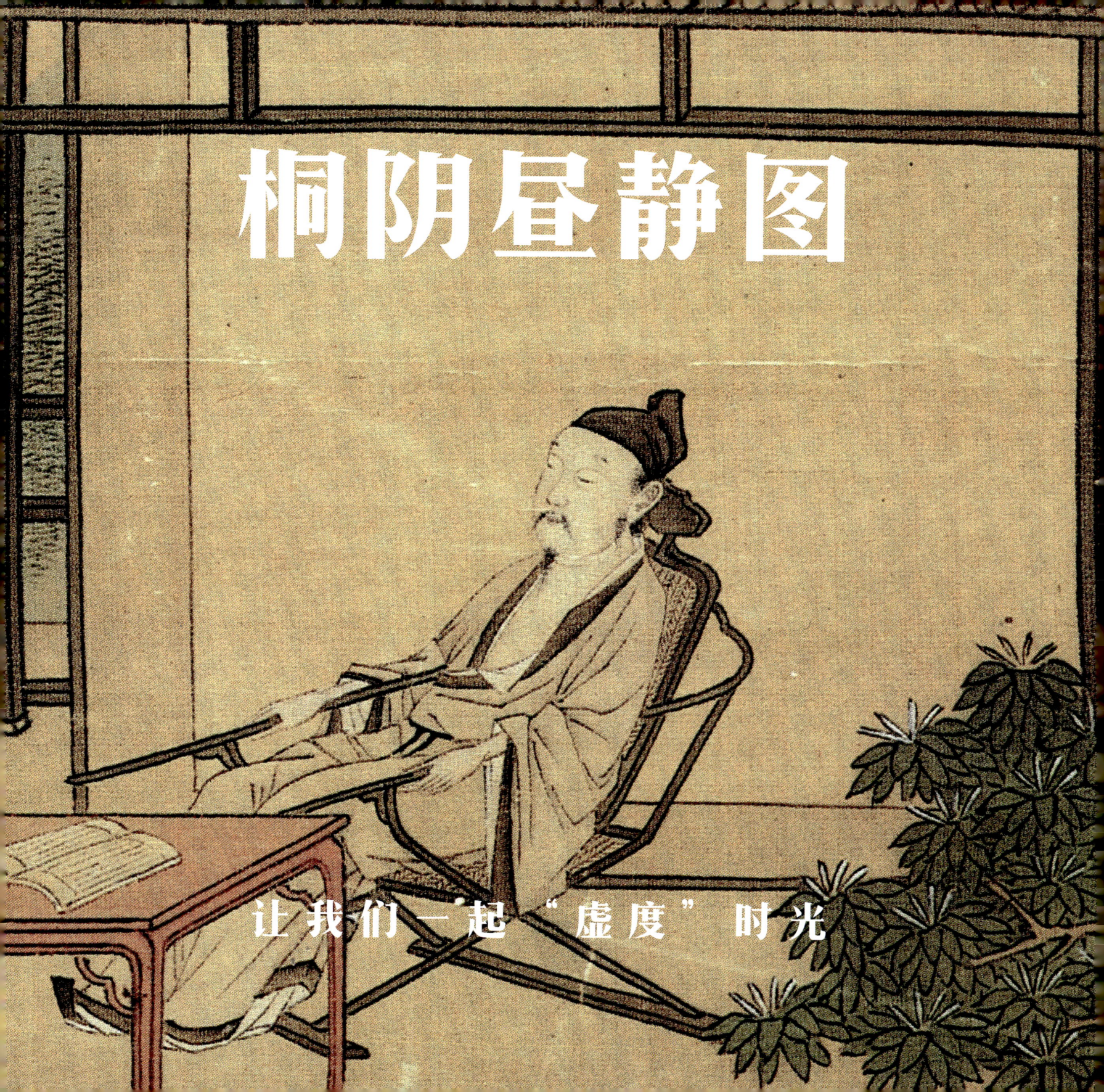

桐阴昼静图

让我们一起"虚度"时光

古画传奇

GUHUACHUANQI

从"大人"到"小人"

如果说欧洲文艺复兴时期的风景画是在透视法的作用下，对光色瞬变的田园、密林、荒野、海湾等无限的自然景观闭合截取，并在有限的画布上再现写实性的空间延续，那么同时期的中国明代以自然为题材的传统山水绘画，则不以任何固定的角度为透视焦点，取而代之的是将视角发散出去，视线流动交互、瞰望四方，可以是饱游沃看，也可以是一目千里，使画师、观者与自然中的草木、山川、林泉共情，终成一幅纸绢之上气韵生动的风景。

中国山水画在魏晋南北朝时期初现，画中的山水只是单纯作为画中人物的背景，人物在画面中比例较大，占据主角的位置。隋唐五代时期山水画开始发展，虽然画中人物仍是中心，但是山水构图辽阔，人物比例明显缩小。唐代山水画开创者王维在《山水诀》中曾说，"人物不过一寸许，松柏上现二尺长""丈山尺树，寸马分人"。南北方山水在画家笔下形态迥异，画中各色旅人的点缀，带来了强烈的生活气息。宋元文人画中的山水竹石皆带有画家主观的审美趣味和价值取向，更强调文学性的艺术表达。画中人与自然的关系平等依赖、共生共存。

明代以来，受宋元文人画的影响，绘画内容或是取景崇山飞瀑，过往旅人点缀其间；或是山中闲居，尽显隐士风流。画中人物描绘风格多样，画意拙朴真挚。现藏于台北故宫博物院的明代仇英所绘《桐阴昼静图》即是其中一例。

天趣宛然满庭昼

《桐阴昼静图》为绢本设色，纵长177.8厘米，横宽94.4厘米，落款"实父仇英制"。画中峰石崚嶒、层峦叠嶂，山顶草木繁茂。峻厚的山体有一瀑如线喷薄而出，继而飞流直下数十丈，最终隐匿在山间岚气之中，没了踪影。在山雾杳蔼的掩映下是大片竹林，洲渚间野水奔流，偶有怪石矗立其中。

河畔结一茅屋，敞厅内有一位头戴纱冠、身着阔袖宽袍的文人，正仰面倚靠在躺椅上，合目遐思，一副坦然自在之态。文人身旁的书桌上置有文房笔墨和打开的书卷，他似乎是读书时感到困倦，稍微歇息一下。屋旁有两株参天的梧桐，枝叶所及之处浓荫掩映，更为这隐逸山中的茅屋添加了几分闲适与安稳。也许，这就是文人心目中淡泊高远的精神家园。

画幅中屹立的远山和前岩中的坡石用皴法表现，笔墨方硬。青绿山水用笔灵动，艳而不媚。修竹、梧桐均不施皴擦，只以淡墨勾出轮廓，再染以不同层次的绿色。画中丛筱悠然，河水蜿蜒，树石耸立，既构建了自然之境，也象征着时间的流逝。

乾隆壬戌（1742年）秋，乾隆皇帝为此画御题一诗：

日长山静绿梧桐，坐听沿阶活水流。
一室萧然惟四壁，片言得意足千秋。
心将太宇同寥阔，意与闲云共去留。
掩卷匡床高卧处，蝶原是我我原周。

乾隆皇帝引用庄周梦蝶的典故，解读了画中淡泊悠然的文人意趣。

人与天一度时光

《桐阴昼静图》的作者，是被誉为"吴门四家"之一的仇英。仇英出身太仓（今上海附近）的贫寒人家，字实父，号十洲，年轻时迁往苏州，"初为漆工，兼为人彩绘栋宇，后徙而业画"。他当过漆工，后拜周臣为师，结交了唐寅、文徵明、王宠等人，最终凭借自己的天赋和努力，成为令后世仰慕的画师。

仇英擅画青绿山水，在继承赵伯驹和南宋院体画的基础上，将扎实的笔触融入理想化的创作。仇英笔墨俊雅，他笔下的山水画虽布局宏大，但细节描绘精确，山石勾勒兼施皴擦点染，规整中见放逸，给人以绵长悠远之感。画中的草树勾勒渲染灵活多变，设色淡雅，与山石之彩和谐融洽，显得艳而不媚。正是这样的山水之姿，为画中人营造了情操自守、淡泊致远的自然清静之境。画中人与自然和谐共存，完美地诠释了庄子主张的"万物齐一"的自然观。

在仇英的《桐阴昼静图》中似乎找不到文人怀才不遇的苦闷之情，即便形单影只，也会带给观者悠游自在之感，这也许是仇英与其他文人画家的区别。

今天的人们不自觉地会陷入以自我为中心的优越感，似乎能凌驾于一切之上。与此同时，一系列与当下生存状况有关的焦虑感扑面而来。人们似乎忘却了，人类有别于其他物种的特殊性，就是拥有强大的感知力与爱的能力。

古代文人高士喜爱把人放入整个自然世界去观想存在的意义，并将"天人合一"的生活视为理想状态。正如画中所绘，将自我与自然界的山水植物平等地安存于时间之中，让我们一起在自然之境"虚度"时光，世间的悲欢离合都无法侵蚀、占领你的内心。

《桐阴昼静图》 明代 台北故宫博物院藏

日长山静绿阴稠　稠坐髹治阶活　水流一室菖然　惟四壁片言仍　素是千秋心将　太宇同窜润意　与宵云共吞旬　拷巷遥林高卧　雪际原是我士　原周

观复猫 《桐阴昼静图》

钻入古画的观复猫

马都督

　　明代著作《长物志》中有这样的句子："居山水间者为上，村居次之，郊居又次之。"古代文人高士认为隐居山林是最好的，即使不能住在山林中，也必须门庭雅洁，屋舍清幽开旷，室外要有佳木怪石装饰，室内要摆设古董图书怡情。这样的居所，才能"令居之者忘老，寓之者忘归，游之者忘倦"。

　　观复猫马都督走进古画《桐阴昼静图》中，听溪流潺湲，鸟鸣啁啾，树叶摩挲之声。此时马都督抛却俗世规矩，不与他喵称王争霸，只想用心享受这份难得的恬静，与自然融为一体，悠然"虚度"时光。

观复猫说文化

GUANFUMAOSHUOWENHUA

黄花梨躺椅

明晚期　观复博物馆藏

中国人最早的起居方式是席地而坐，随着东汉末年各民族间商贸往来增加，一种可以交叠的坐具开始传到中原地带，进而成为人们日常不可或缺的坐具。因为它最早是从西域传过来的，所以当时人称胡床。

魏晋时期的胡床并无靠背，人坐在上面无法倚靠。直到宋代汲取了圈椅上半部的特征并与胡床结合，可以倚靠的交椅才这样应运而生。

此件躺椅即由交椅衍生而来，顾名思义，这是可以躺的椅子。椅面宽，椅背长而后倾，搭脑处设计成头枕，可以达到更为舒适的躺靠效果。扶手长而平直，腿部交叉可以折叠，便于搬运。此椅大面积使用藤编，适合夏日消暑。

五彩"一路连科"纹五孔笔插

明嘉靖　观复博物馆藏

笔插，顾名思义是用来插笔的文具。历史上的笔插主要有架状和圆形多孔状。圆形笔插一般为中间一方孔，周围三四个圆孔。待毛笔洗涮干净之后，可将笔头朝上竖插在孔洞里，笔头上的水可自然流下，不伤笔毛。清中期之后，随着笔筒的普及，笔插逐渐退出历史舞台。

这件笔插设有五孔，通身以五彩装饰锦地、花卉、鹭鸶纹，整体效果艳丽热闹。鹭鸶站于莲花中，取"鹭"与"路"、"莲"与"连"谐音，组成"一路连科"，寓意考试连连取得好成绩，这是对科举时代应试考生的祝福语。

青玉带皮雕螭虎印盒

明代　观复博物馆藏

在古代文人不可或缺的文房用具中，除耳熟能详的"笔墨纸砚"外，还有一些文房小件，印泥盒就是其中一种。"印，以昭信也"，作为身份、信据、契约的象征，文人在书写、绘画完毕，都愿意钤盖印章。为了更好地收贮印泥，古人对用来盛装印泥的盒子也有材质要求，认为以瓷器、玉器为佳，印盒闭口需严密，以免透入灰尘和湿气，破坏印泥质量。

这件青玉印泥盒小巧圆润，盒盖正中巧借琥珀色玉皮，雕刻一螭虎纹，细腻精美。这件印盒体量不大，除具备实用功能外，也可以把玩。

铁力木大画桌

明代　观复博物馆藏

画桌作为古人书写绘画的专属家具，尺寸一般较大，这是为了保证纸、绢能够完全舒展开来，为文人提供更多挥毫施墨的空间。古人在创作时，一般采取站立的姿态，所以画桌的桌面以下往往空敞无物，不带抽屉。

铁力木也称铁梨木，以质地坚硬沉重、色泽酷似玄铁而著称，是古代常见的家具用材。这件带束腰的铁力木画桌，牙条与横枨间以方形卡子花作为装饰，腿足与横枨交接处以木条攒出几何纹牙头。此桌牙条与四足除打洼外，皆不事雕琢，具有简素大方的明式风格。

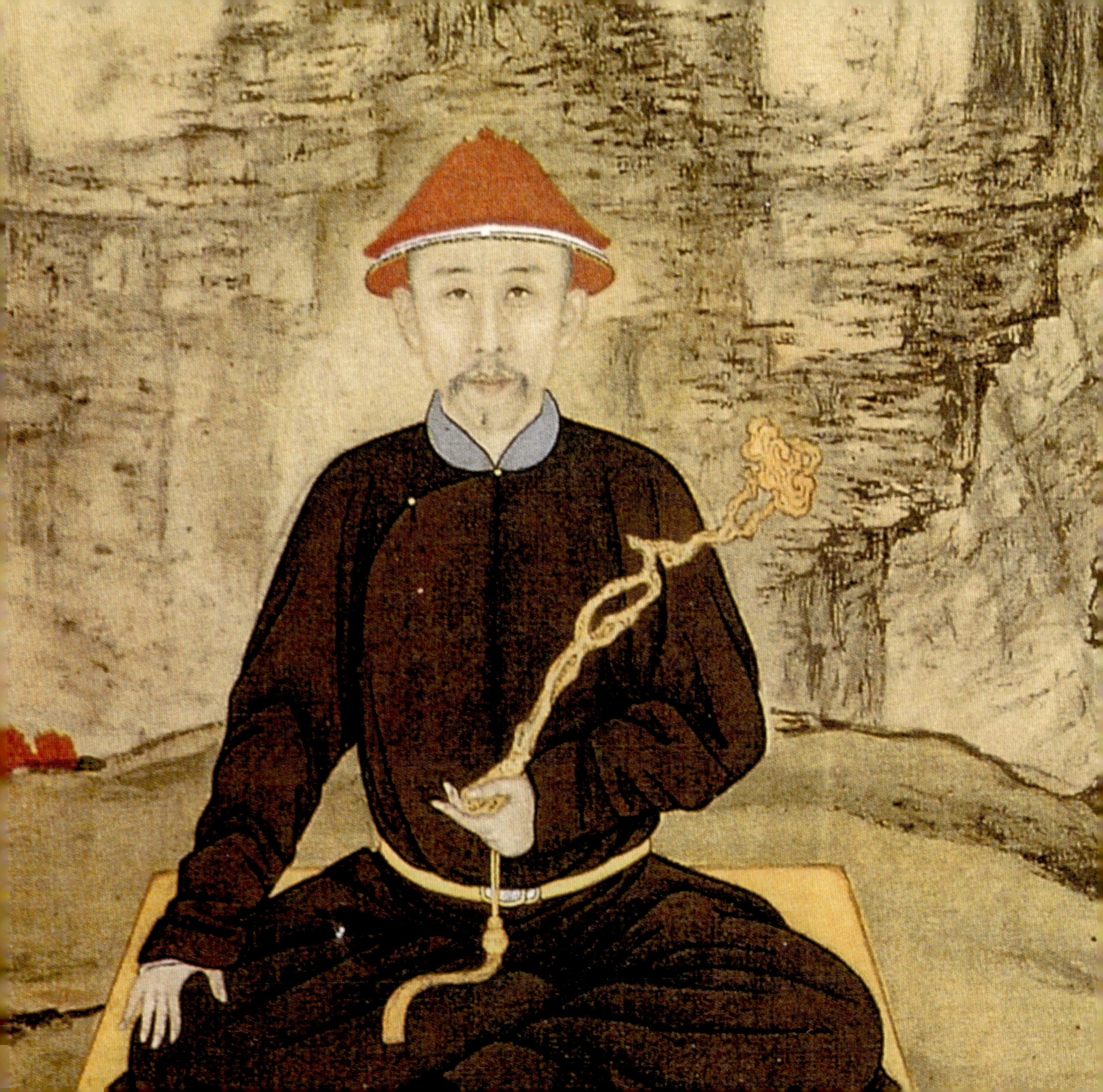

雍正帝观花行乐图

莫负了好春光

古画
GUHUACHUANQI
传奇

行乐须及春

广义上来说，"帝王行乐图"主要指描绘帝王日常生活中休闲娱乐的绘画作品，如赏景、过节、游戏、围猎、宫宴等。画面中所展示的人物、情节、环境大多带有一定的写实性，展现出帝王及其他宫廷人物的日常生活与审美情趣。

清代雍正皇帝还是亲王的时候，韬光养晦，生活很是悠闲，曾写过"懒问浮沉事，闲娱花柳朝"这样的诗句，说明他喜欢玩，也会玩。一朝登上帝位，雍正帝变得极为勤政。他说自己生性疏懒，喜爱清闲，但无奈继承了皇位，必须对得起列祖列宗，朝乾夕惕，宵衣旰食，勤勉为民。"为公、为天下"是他常说的话，也是他作为君王的理念。

这话不是雍正帝随便说说的，据历史记载，他十分勤勉，在位13年共4000多天，几乎每天都会审阅奏章和处理国事，至于休闲娱乐这等闲事只能排在次要位置。他不出游，不秋狝，日常多以欣赏艺术品减压。

自己没有时间进行娱乐活动，再加上喜欢艺术并具有极高的艺术造诣，雍正帝喜欢命宫廷画师创作以自己为主角的"行乐图"。这些画作有的纪实，有的则完全是想象，比如皇帝化身为神仙、文士、渔翁、喇嘛甚至西洋武士等，"脑洞"极大，在清代宫廷画像中算是独树一帜。

《雍正帝观花行乐图》收藏于故宫博物院，横106.6厘米，纵204.1厘米，是雍正帝众多行乐图中的一幅。纵观整幅画作，画面背景是一处环境优美的园林，有着高大的玉兰和茂盛的桃花，层石堆叠间大丛盛开的牡丹争奇斗艳、国色天香。如此花卉盛开之景，正是春光大好之时。雍正帝与十几位朝臣相聚在此，赏花行乐，一派福瑞祥和。仔细观察画面，雍正帝盘膝坐于画面中心，身着赭色长袍，手执灵芝形如意，一年龄稍小之人陪坐身旁。其余大臣或坐或立，分散随侍周围。其中有四位大臣的官帽上带着孔雀花翎，官职很高，可见本次赏花活动的隆重。

皇帝在春日里赏花行乐，自然少不了诗酒等风雅之事。画中可见一侧石台上摆放着黑漆嵌螺钿的提盒、红漆彩绘圆盖盒以及酒具，想必盒具内装的就是各色小食点心。

是耶非耶的太子谜团

《雍正帝观花行乐图》对今天的学者来说不仅仅是一幅普通的帝王行乐图，更是充满未解的谜团。这幅画是单纯记录君臣赏花，还是另有深意呢？

大学士张廷玉曾在《御赐上苑牡丹园记》中写道："雍正丙午暮春，上驻跸圆明园。召近臣十余人御苑看牡丹，并赐法馔。是时千枝竞放，高下错列，若摛锦布绣，生平所未见也。就中红桃一本开花百余朵，尤为繁艳。上指示刑部侍郎高其佩曰：'汝工绘事，盍为朕图之。'越数日，其佩绘图以进。"

这段话仿佛印证了《雍正帝观花行乐图》的单纯记录事件之功能。雍正四年（1726年）的春天，皇帝率领十多位大臣到圆明园赏牡丹。此时正值牡丹盛放，御苑中的名品繁花似锦，艳丽之色令大臣们惊叹不已。其间雍正帝还赐给大臣们享用"法馔"（法膳，指帝王的常膳），这也与画面中的食盒酒具相印证。最后，雍正帝令擅画的高其佩将当日赏花之景绘出。没几天，画就完成了，进奉皇帝御赏。

另有学者则认为此画不仅仅为记录事件，而是暗含深意。这要从《雍正帝观花行乐图》中坐于皇帝身侧的少年说起，有学者认为他就是日后的乾隆皇帝弘历。

画面中的少年年龄尚小，他与皇帝离得最近，坐在同一层石台上。在场众人中仅有他与皇帝备有坐褥，雍正帝坐明黄素面坐褥，少年坐红色锦地坐褥。种种迹象表明，此少年的地位与众不同。

少年身上穿着一件黄中带绿的外袍，腰系金带。专家认为这件外袍的颜色即清代服饰中等级很高的"秋香色"，接近帝后所用黄色。《大清会典》中记载："康熙十四年题准：……（皇太子）礼服用秋香等色……束金镶玉版嵌东珠带。"在唯一正式册立过皇太子的康熙朝，秋香色被定为皇太子礼服的用色。《清稗类钞》也印证了这种说法："国初，皇太子朝衣服饰，皆用香色，例禁庶人服用。"不过，随着时间流逝，清代后期的秋香色已经进入民间，人皆可用了。

　　雍正一朝并未正式册立皇太子，画中这位地位超然于群臣、身着秋香色外袍的少年，也许正是以一种隐晦的方式表明"太子"身份的弘历。

"镂月开云"之纪恩

　　圆明园是清代的皇家园林，康熙四十六年（1707年），康熙皇帝将北京西北郊的一座园林赐给皇四子胤禛，并题名"圆明园"。《雍正帝观花行乐图》所绘的繁花似锦的御苑，正是圆明园中一处重要的景观——"镂月开云"。

　　"镂月开云"建造于圆明园早期，雍正时称"牡丹台"，因种植大量牡丹花而得名，是圆明园四十景之一，乾隆年间被命名为"镂月开云"。其位置位于后湖的东南方向，西邻九州清晏，南为勤政亲贤，四面曲水环绕，美景如画，是一处环山抱水的园中之园。

　　早在雍亲王时期，这里就是园中重要的景观之一，奇石层叠，遍植牡丹。因在万花丛中高高垒起一个平台，因

《雍正帝观花行乐图》 清代 故宫博物院藏

此得名牡丹台。每到牡丹开放时节，姹紫嫣红，此处便美如人间仙境。胤禛在《园景十二咏》曾吟咏：

叠云层石秀，曲水绕台斜。天下无双品，人间第一花。

艳宜金谷赏，名重洛阳夸。国色谁堪并，仙裳锦作霞。

诗中提到的秀美叠石、国色繁花，正与画中牡丹台的景观契合。

如此美景岂能独赏。康熙六十一年（1722年）春，皇四子胤禛恭请康熙皇帝驾临圆明园赏牡丹，12岁的皇孙弘历得以随侍左右。这一次相会被后世记载为康熙、雍正、乾隆三朝皇帝共赏牡丹，为盛世之象。历史也确实如此，自康熙至乾隆，正是清朝历史上最辉煌的"康乾盛世"。

乾隆九年（1744年），乾隆皇帝将牡丹台改名为"镂月开云"，并在咏景诗中写道："犹忆垂髫日，承恩此最初。"这说的就是祖孙三代赏花的往事。为了纪念皇祖之恩，乾隆皇帝在镂月开云增题匾额"纪恩堂"，并御制《纪恩堂记》，可见这里对乾隆皇帝的重要性。

255

观复猫《雍正帝观花行乐图》

太极

韩香晓

钻入古画的观复猫

在清代，有两位皇帝经常被后人放在一起对比，此二人就是雍正皇帝和乾隆皇帝。从传世的画作中看，乾隆皇帝的画像最多，而雍正皇帝的"行乐图"最多。那么，请哪两位观复猫扮演皇帝呢？当然是花肥肥和被戏称为"转世小灵童"的花飞飞了。

以一棵高大的玉兰为背景，奇石堆叠，牡丹盛放，花肥肥手持灵芝盘腿而坐，花飞飞陪坐一旁，一派祥和。原画有四位戴单眼花翎的大臣，由四位猫馆长黄枪枪、麻条条、金胖胖和马都督扮演。加上王情圣、蓝毛毛、韩昏晓、左罗罗、戴南瓜……一共有 20 位猫馆长出镜！阵容强大的观复猫天团也想出门赏花，不辜负这大好春光！

郑小猫　　大阿宝　　杜拉拉

谢霓裳　　黄袍袍

蓝毛毛　　云朵朵　　金胖胖

花荣荣　　　　　　　　崔南瓜　　　　　　　　马都督

麻条条　　　　　　　　　　　　　　　　　小二狸

王情圣　　　　　　　布能豹　　　　　　　左罗罗

观复猫

GUANFUMAOSHUOWENHUA

说文化

仿木纹釉描金诗文斗杯（对）

明晚期　观复博物馆藏

清代彩瓷中还有一个品类一枝独秀，那就是官窑制作，只用于赏玩的像生瓷。像生瓷在乾隆年间最为盛行，景德镇陶工在对釉、彩配方及烧窑技术的掌握达到炉火纯青之境界后，才能做到随心所欲地仿烧各种物品，如禽鸟、海螺、螃蟹、蝈蝈、螳螂、石榴、栗子、花生，还有仿青铜器、金银器、漆器、石纹、木纹等，真假难辨。

此对方杯口大足小，呈斗状。釉面以红褐色为地，仿烧木纹，杯身四面均有描金诗文，风雅精美。

识文描金"华祥献瑞"攒盘圆盖盒

清雍正　观复博物馆藏

清代漆器常用描金工艺，工匠将彩绘与描金并用，以产生华丽的效果。其中一种"识文描金"，指在纹饰凸起处描金，使其具有立体感，是漆器中较为奢侈的一种装饰工艺。此件木胎圆形攒盘，盒内攒格髹朱漆，盒身通体髹褐漆为地，贴金银片，饰牡丹花纹、佛八宝纹，矜贵华丽。盒盖上有篆书文字"华祥献瑞"，寓意吉祥。

剔红花果绶带鸟倭角长盘

明晚期　观复博物馆藏

长盘尺寸较大，倭角。盘内以剔红工艺雕刻花鸟图案，所刻鸟类，因有两根悠长尾翎，因此被称为绶带鸟。两鸟一上一下，异向而飞，姿态飘逸。两鸟环向飞行，使这个画面达到一种动态平衡。盘内其他部分满铺茶花，花朵形态各异，纹脉清晰；花蕊以锦地表现，花叶边沿卷转自然。盘背面以图案化的卷草纹饰展现，与正面相互映衬，一简一繁，相得益彰。

铜錾花龙纹镶松石碗套及桦木碗

清代　观复博物馆藏

这套清代制作的藏式木碗由碗及碗套两部分组成。木碗墩形浅腹，撇口阔足，采用整块桦木根瘤制作而成。另附黄铜錾云龙纹镶嵌绿松石碗套，内衬明黄色团花纹锦垫，以保护碗体免于与碗套产生直接摩擦或磕碰。碗套壁身侧面镶嵌提梁耳，方便外出携带使用。

此类木碗原是藏民生活的日常器具，按照藏语发音也被称为"札古札雅碗"。根据清宫档案记载，清康熙时期西藏就曾以札古札雅碗作为最珍贵的贡品进贡朝廷。

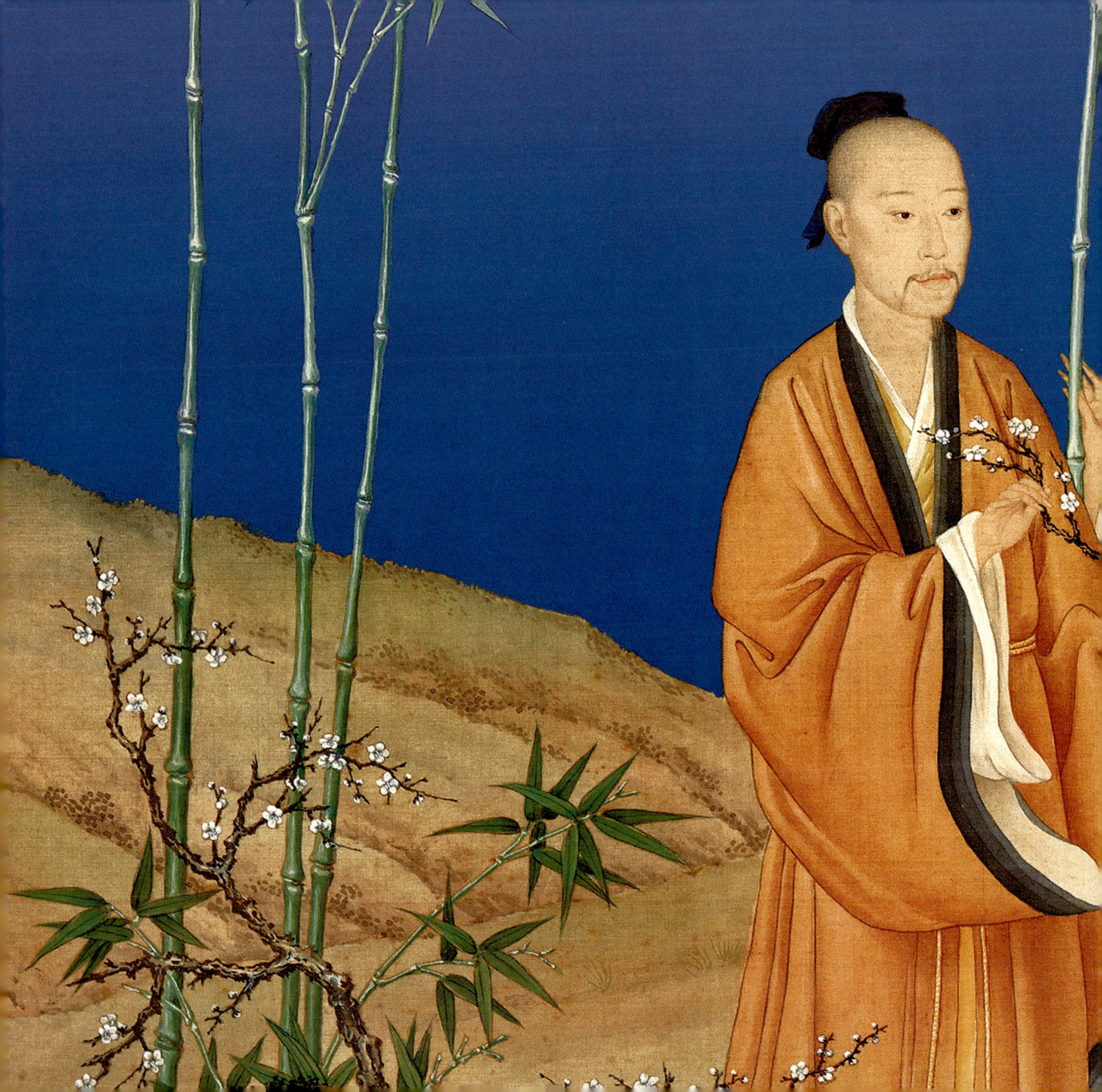

平安春信图

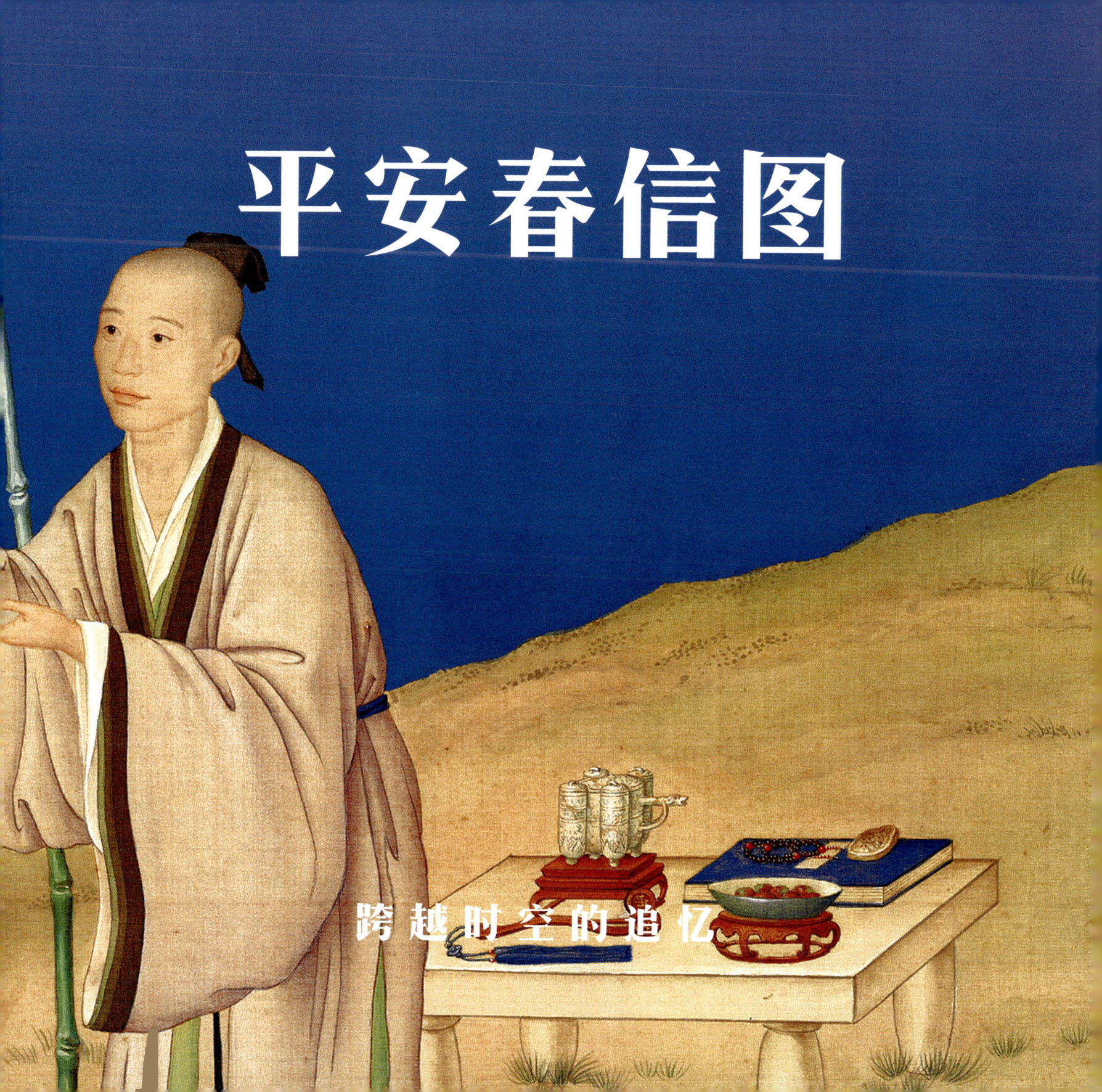

跨越时空的追忆

古画
GUHUACHUANQI
传奇

静观山岳寄人生

在燕山山脉南缘，有一座"形无定向，势如盘龙"的山岭，称作盘山。盘山东西绵延20公里，南北横亘10公里，因山势雄峻多姿，林泉清逸幽古，成为自三国至清末文人骚客竞相游历之地。盘山的头号拥趸，要数大名鼎鼎的乾隆皇帝。乾隆皇帝对盘山有多偏爱呢？根据《乾隆皇帝起居注》记录，他一生巡幸盘山30余次，并于乾隆九年开始在盘山修建畿辅蓟州最大的行宫——静寄山庄。

正如乾隆皇帝对"静寄山庄"一名的诠释："人生而静，儒者之言也。人生如寄，达士之旨也。山以静为体，其寄于天地，与人之寄于山等。观山以观我生，其体不二。故其寄也，恒主乎静。"此处不仅是乾隆皇帝谒陵返京途中驻歇之所，更是观山观己、自悟自觉的清修之地。

据《清史稿·乾隆本纪》载："四十七年……三月庚子，上幸盘山。壬寅，上驻跸盘山。"就在这次巡幸盘山、驻跸静寄山庄期间，72岁的乾隆帝重新欣赏了一幅尘封已久的画作，并在画幅右上方题诗一首，以寄托当下的心绪：

写真世宁擅，绘我少年时。

入室睟然者，不知此是谁。

从乾隆皇帝的题诗不难看出，这是一幅出自宫廷画师郎世宁之手的"写真"画作。所谓"写真"，在中国传统绘画中也被称为"写像""留影"等，是绘画人物形象的古老画科。明代万历年间，意大利传教士利玛窦将欧洲文艺复兴时期的肖像画艺术带入中国，由此"西画东渐"的潮流逐渐兴起，至意大利画师郎世宁进驻清宫时达到高峰。郎世宁在秉承逐光追影、务求逼真的西画技法的同时，也把意在神韵的中国传统"写真"画法糅入其中。清代康雍乾三朝众多兼具"神"与"形"的皇室肖像画，大多出自郎世宁之手。

作为画卷的欣赏者，乾隆皇帝在72岁高龄展卷观览，此时距画师郎世宁去世已16载。回想起郎世宁曾为不同年龄的自己画过无数次画像，彼时的场景依然历历在目，乾隆皇帝睹物思人，在画作上题诗，落墨"写真世宁擅"。

"缋我少年时"点明了画家的创作对象。郎世宁画的不是别人，正是年少时的乾隆皇帝本人。当时的少年人，今日已须发皆白。乾隆皇帝和画中的自己隔着时间的长河，遥遥相望。时光流逝，恍如一梦，天地无凋换，容颜有迁改。

梅传春信，竹报平安

这幅让乾隆皇帝如此感慨的画作，正是现藏于故宫博物院的《平安春信图》，绢本设色，纵长约68.8厘米，横宽约40.8厘米。两位头戴巾冠、身着直裰的男子形象占据了画面的中心。画面左侧的年长男子，左手下垂，右手拈一枝梅。右侧为一年少男子，微微躬身，右手扶竹，左手欲接过年长者手中的梅枝。两男子身前有一角怪石，石后长有一丛修竹，并旁伸出一株老梅。画中另绘一石桌，桌上摆有瓷盘、书籍、如意、珠串等物，还有一件白玉四足壶，方形器身，四角连接圆形立柱，兽柄，造型奇特。此壶应为清宫爱物，其形象出现在多幅画作中。

此画画名为乾隆皇帝亲赐。何谓"平安春信"？这与画中的植物——竹和梅有关。

竹子作为平安的象征，最早出自唐代段成式《酉阳杂俎》："北都惟童子寺有竹一窠，才长数尺，相传其寺纲维每日报竹平安。"北都（今山西太原）唯有童子寺里种有一丛竹子，该寺的主管和尚每天都如实上报竹子的平安长势。后来竹子就成为吉祥平安的象征，所谓"竹报平安"。

梅花通常在冬末春初时开放。正如宋欧阳修在《桃源忆故人》中所云："梅梢弄粉香犹嫩，欲寄江南春信。"元人陈亮在《咏梅》中写道："一朵忽先变，百花皆后香。欲传春信息，不怕雪埋藏。"梅花的开放预示着春季即将到来，因此梅被文人视为春的信使。画中梅与竹的组合，传达了"平安春信"的吉颂寓意。

层层迷雾画中人

画中两位主角的身份，是摆在后世观众面前的难题。

《平安春信图》 清代 故宫博物院藏

写真世宁擅绩我少
年时入室睹然者不
知此是谁
壬寅暮春御题

若画中只出现一位人物，那么自然如御题诗所指，画中人就是年少时的乾隆皇帝。可画中涉及两个人物，二人中到底谁才是乾隆皇帝诗中提及的那个"少年"？画中两个人物之间又存在什么关系？学术界对这幅画也是众说纷纭，莫衷一是。

第一种观点认为该画绘于雍正时期，画中的年长者为雍正皇帝，年少者为少年弘历。雍正皇帝手拈花枝欲交付于弘历，暗喻"传位"之意。该观点的质疑者认为，作为秘密立储制度的创始人雍正皇帝，不会以这样的图画在臣民面前公开表达自己的立储意志。

第二种观点也认为画中的一长一少为雍正皇帝和弘历，但画于乾隆早期。这一观点也有质疑之声。画幅上方钤有"八徵耄念之宝""古稀天子""太上皇帝之宝"三方印，题诗处也落有"古稀天子""犹日孜孜"两方印。质疑者认为如果画面表现的是雍正帝与乾隆帝这对父子，那么乾隆皇帝在画有先帝御容的画幅上钤印这样的章款，则实属大不敬。

第三种观点认为该画绘于乾隆时期，画中表现的是同一个人的不同年龄阶段，即少年时的弘历与中年乾隆皇帝跨越时空的戏剧性相遇。

此外，还有观点认为画中长者为乾隆皇帝，少者为扈从。甚至有学者大胆否定以上所有可能，认为画中二人仅仅是文人高士形象的缩影。

且不论以上观点孰是孰非，画中人物到底是谁，这幅出自供职康雍乾三朝的宫廷西洋画师郎世宁之手的《平安春信图》，从视觉表达的角度，向观者传达了一种不同于传统肖像画的独特气质。

《平安春信图》近 2/3 的背景都铺陈以明快的蓝色，整个蓝色背景没有浓淡过渡和晕染。这种借鉴自西方肖像油画，以浓重单一的背景烘托人物形象的绘画技法，将画中人物安放在一个不具诸多客观环境限制的特殊场景中，传达出一种当下的纪实感，引导观者将视觉焦点落在前景人物上，将来自人物自身的表达无限放大。

《平安春信图》的前景一改背景的浓丽庄严，以传统淡彩设色描绘人物发肤衣饰、洞石竹梅、文玩清供、坳洼矮丘。这种渲染方式，显得拈花的长者清癯挺拔，眉宇舒朗，态度谦和。一旁的少者身体自然微倾，礼敬有加，却并不拘束紧张。画中人物之间虽有长幼尊卑之别，但并无过于悬殊的阶层疏离感。二人举手投足间微妙的体态与表情，散发着浓浓的人文情怀。

《平安春信图》右上方钤有"太上皇帝之宝"，这大约是乾隆皇帝 80 多岁最后一次巡幸盘山行宫静寄山庄时留下的。嘉庆四年（1799 年）乾隆皇帝驾崩，宣告了该画卷最后一位见证者的离开。而《平安春信图》、画师郎世宁和乾隆皇帝作为一个时代的印记，仍将在历史的记忆中永恒存在。

寫真世寧擅繢我少
年時入室瞠然者不
知此是誰
壬寅暮春御題

寫真世寧擅繢我少
年時入室瞻然若不
知此是誰
壬寅暮春渝翁題

观复猫 《平安春信图》

钻入古画的观复猫

花肥肥

单看《平安春信图》的画面，就是一位年长者将梅枝递给年少者。画中两位主人公的身份充满了谜团，众说纷纭。有的说是雍正皇帝和乾隆皇帝父子俩，有的说是乾隆皇帝在不同人生时期的"合影"。

《平安春信图》仿佛是一场梦境、一场人生游戏。观复猫再次派出德高望重的理事长花肥肥和他的接班人花飞飞，共同演绎这幅充满文艺特质却笼罩迷雾的古画。花肥肥与花飞飞相貌相似。花肥肥稳重大气，照拂后辈；花飞飞年少青涩，在成长的路上还需努力。

花飞飞："长大后，我就成了你？"

花肥肥："年轻的孩子，你的路还长着呢。"

观复猫

GUANFUMAOSHUOWENHUA

说文化

玉雕福海双凤纹"吉祥"佩

清代　观复博物馆藏

玉器文化是中华民族最早形成的文化，它持续的时间最长，内容也最为丰富。古时以玉比德，古人云："玉之美，有如君子之德。"孔子与其他同时代的思想家，都推崇"君子无故，玉不去身"，作为一个谦谦君子，身上应该佩戴一块玉。

此佩青白玉制，色泽莹润，质地细腻，呈椭圆形，双面工。上部雕刻对向而立的双凤纹，线条清晰，表达到位。凤尾分别于左右两侧，围出玉佩的下部轮廓。玉佩一面浮雕"吉祥"二字，一面浮雕云蝠纹。"蝠"谐音"福"，自古以来被人们寄托美好的愿望。

豆青釉粉彩皮球花纹四联瓶

清乾隆　观复博物馆藏

乾隆时期，国家相对安定富庶，在工艺上开始出现"炫技"之作。就如这件四联瓶，做工非常精巧，由四个相同的小型筒瓶粘塑而成，颈部以上分开，下面则互相连通。瓶底篆书"乾隆年制"四字款。

四联瓶施青釉，口沿描金，瓶身以粉彩绘画皮球花纹样。皮球花也叫团花，不是专指某种花，而是一种变形的花纹装饰风格。把花卉、龙凤、杂宝等纹样，变形为圆形的纹饰。小小的圆形花纹三两组合，不规则出现，造成一种错落有致的视觉效果。

蓝釉盘

清乾隆　观复博物馆藏

此件乾隆年间的蓝釉盘，器型端正，内施白釉，外施色泽深沉之蓝釉。在中国古代陶瓷文明之路中，蓝釉出现得几乎最晚，唐代之前没有丝毫蓝色釉彩的迹象。直到唐代出现唐三彩，蓝釉才谨慎登场。元代蓝釉在唐三彩的基础上，以钴为色泽本源，影响后世。明清时期，工匠们又在元代蓝釉的基础上加以创新改造，烧出了霁蓝、洒蓝、宝石蓝等不同的蓝色釉。

蜜蜡朝珠

清代　观复博物馆藏

朝珠，是清代朝服上佩戴的一种珠串，由 108 颗圆珠串成，通常由身子、佛头、背云、纪念、大坠、坠角组成。根据佩戴者不同，其材质用料都有区别，比如使用东珠的朝珠，只有帝后、皇太后可以使用。朝珠的使用还有场合的区分，以帝后为例，去天坛祭祀要用青金石材质，去地坛祭祀要用蜜蜡材质。

此串朝珠由 108 颗蜜蜡珠组成，珠子圆润且大小一致。三串纪念，每串以 10 颗蜜蜡珠组成，下坠碧玺坠角；翡翠背云，以明黄色绦带连接佛头和碧玺坠角。

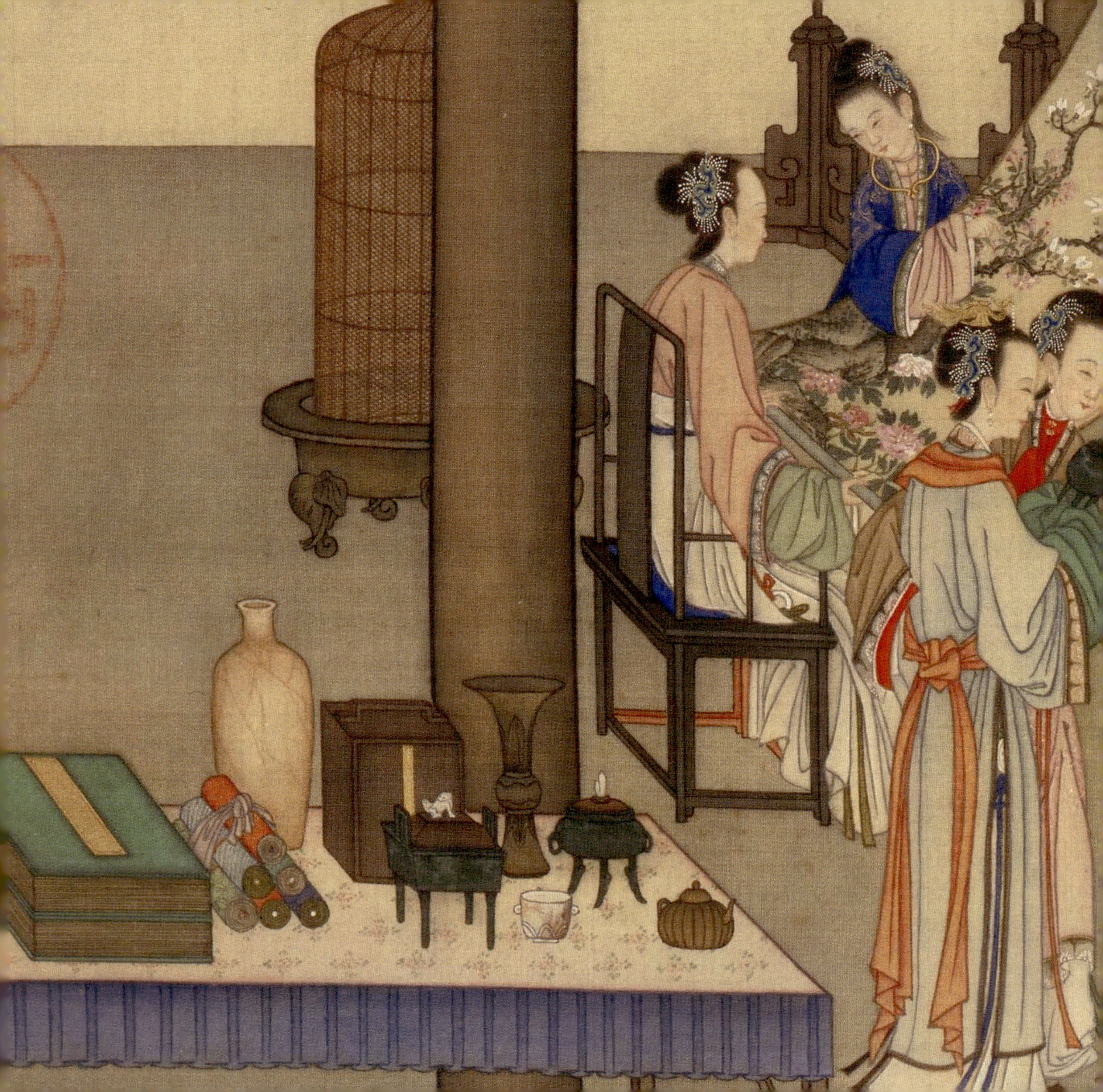

月曼清游图
围炉博古

后宫佳人的小世界

古画
GUHUACHUANQI
传奇

"借"来的诗意

《月曼清游图》册页是活跃于雍正、乾隆两朝的宫廷画家陈枚的重要作品之一，现藏于故宫博物院，全册共12开，每开纵37厘米、横31.8厘米，分别描绘了宫廷嫔妃一年十二个月的不同生活场景。

晋朝潘岳的《萤火赋》里有诗句："翔太阴之玄昧，抱夜光以清游。"宫中女子月月清玩，日日游赏，"月曼清游"这一题目着实充满浪漫的诗意。但实际上，这套册页最初并不叫《月曼清游图》。

据资料显示，乾隆三年（1738年）画家陈枚绘成此图册后，曾用硬纸板作为上下夹板，对册页加以保护。上夹板的左侧粘有黄签，上面写着画名和在宫中的存放地："陈枚人物画册十二幅乐善堂清玩三乙。"由此可知这本图册最初没有特定的名字，仅仅以简单笼统的《人物画册》称呼。

后来，由于乾隆皇帝的喜爱，这套册页被收录在《石渠宝笈》续编等重要清宫书画著作里，名字也由先前的《人物画册》改为《十二月仕女景》。新名字明确点出了"仕女""十二月"是这套图册的主题，虽然名字更为清晰，但过于直白，缺少美感。

最终确定的《月曼清游图》这一浪漫诗意的名称，则是借用了该图册的衍生艺术品之名。乾隆六年（1741年），乾隆皇帝谕令宫廷造办处以陈枚的画册为底本，制作出一套全新的象牙制品。当时宫廷造办处擅镶嵌技艺的常存，擅牙雕工艺的陈祖章、陈观泉父子，以及顾彭年、萧汉振等匠人，以象牙为主材，配以各种名贵玉石、红蓝宝石、金银、玛瑙、玳瑁等进行精心雕刻、镶嵌，最终完成。这套牙雕册页也是12页，为对折式，一页呈现仕女场景，一页以螺钿嵌出御题诗。

乾隆皇帝看到这套精美绝伦的牙雕镶嵌作品后非常满意，为其起名《月曼清游》。由于牙雕册页本是根据陈枚原画而作，两件作品的人物与场景极为相似，加之"月曼清游"之名浪漫贴切，后人便将陈枚的原画也称作《月曼清游图》。三易其名的《月曼清游图》，终于画、名相符，流芳后世。

月曼清游

打开这套《月曼清游图》册页,我们会发现后宫嫔妃娱乐方式的丰富程度远超想象:正月寒夜探梅、二月杨柳荡千、三月闲亭对弈、四月庭院观花、五月水阁梳妆、六月碧池采莲、七月桐荫乞巧、八月琼台玩月、九月重阳赏菊、十月文窗刺绣、十一月围炉博古、十二月踏雪寻诗。

这些娱乐活动每月不同,按季节、时令而变换,在大雪纷飞的寒夜里探寻初开的梅花,在吐露新芽的杨柳下荡秋千玩耍,在微风轻拂的亭台中下棋,在秋日暖阳下欣赏各色菊花……每一种都极为风雅。其实细想想,这些娱乐项目大多源自民间,并非宫廷特有,但在画家陈枚笔下花团锦簇般的环境中,再普通的下棋、荡秋千都显得贵气高端。

陈枚,字载东,娄县(今上海市松江)人,于雍正四年(1726年)供奉内廷,做了一名宫廷画家。陈枚擅长画人物、花鸟、山水,他的中国传统绘画技法高超,同时又能融入欧洲绘画技法。他注重细节表现,常能于方寸画幅中描绘微小的人物、树木、屋宇,甚至纤小到要用放大镜观看。

陈枚的中西合璧画法在《月曼清游图》中得以体现。他以工笔画技法表现人物形象和家具器物,线条流畅,笔致工整,流露出宋代院体画风格。而图中丰富的楼台房屋等建筑,则采用了当时西洋流行的透视学原理绘成,使平面的画幅产生了一种纵向延伸的效果,人物所处的环境能更为立体地展现出来。这样的原画效果,想必牙雕《月曼清游》在创作时从中受益不少。

陈枚在这套册页中不遗余力地营造了宫廷生活的华丽富足。册页每一幅都描绘若干宫妃,她们面容秀美文静,身姿修长飘逸,服饰精致讲究。宫妃所处园林、宫室无不规整富丽,器皿精美贵重。虽然历史上真实的宫廷生活规矩森严,现实而残酷,但在画家笔下,宫妃们相处融洽,姿态亲密,宫廷生活风雅多彩,轻松快活,而这正是统治者最喜欢看到的场景,难怪乾隆皇帝对《月曼清游图》如此赞赏喜爱。

围炉博古

《月曼清游图》中有一幅"十一月围炉博古",画面中一处高大的宫室,以隔扇分为内外两间。里间陈设亮格书架、嵌云石罗汉床,墙上挂着山水画和古琴,地上摆放

《月曼清游图·围炉博古》 清代 故宫博物院藏

着火盆架，罗汉床上还放着一盘时鲜水果和一个手炉，好像主人刚刚还在这里歇息。

外间放置两个大火盆，营造出一室暖意。一对宫灯立于墙边。高大的立柱旁设一张霸王枨长桌，桌上放着各色书册画卷、古董珍玩，可见青铜花觚、狮纽香炉、官窑花瓶、双耳杯、瓜棱壶等古物，暗合"博古"之意。

画面共有8名宫廷女子，姿态各异。画面左侧三女围拢，一女手持青铜鼎，正凝神倾听同伴的讲解。右侧一女怀抱青铜钫，与一旁高举画杆的女子说话。画杆上挑着一幅花卉图，两名女子一坐一立，对画作进行鉴赏讨论。另有一女怀抱卷轴从外面走来，似乎是取来了接下来要欣赏的画作。画中女子都显得轻松愉悦，仿佛沉浸在赏古的乐趣之中。

博古收藏，可谓中国人自古以来的文化。汉代张衡在《西京赋》中有语："雅好博古，学乎旧史氏，是以多识前代之载。"可见博古在当时就是衡量"高人"的标准。宋朝更是出现了空前繁荣的博古景象，最有实力的收藏爱好者宋徽宗甚至下诏让官方编纂了三十卷的《宣和博古图》。晚明时期文化繁荣，经济富足，收藏热再度来袭，明代杜堇描绘博古场景的《玩古图》便创作于这一时期。到了清代康乾盛世，就进入了中国历史上的第三次收藏热。乾隆皇帝素来崇尚风雅，是中国历史上著名的"鉴赏家""收藏家"，博古之风在宫廷中流行再正常不过。在天寒地冻的冬月里，围炉而坐，欣赏珍玩，是多么令人惬意满足的事。

285

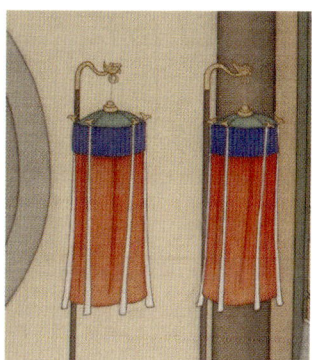

观复猫《月曼清游图·围炉博古》

钻入古画的观复猫

李对称

黄枪枪

莫小奈

作为"史上最有文化的猫",观复猫可谓博学多识,什么历史典故、传统文化,通通信手拈来,举行一场博古聚会有什么难的?生活在博物馆里,观复猫每天都能跟着马霸霸鉴赏文物,演绎起《月曼清游图》的"围炉博古"来,完全就是本色出演,小菜一碟。

最美女神黄枪枪衣饰华贵,端庄地坐在椅子上,饰演本场级别最高的嫔妃。文静大方的李对称颈戴金项圈,站在画卷一侧,正和枪枪一起探讨画作。温婉可人的莫小奈一边替两位姐姐挑杆举画,一边和捧画进来的兔兔侍女打招呼。

观复猫演绎的冬日围炉博古的娱乐方式,不知你心动了没有?

观复猫
GUANFUMAOSHUOWENHUA
说文化

青花釉里红海水龙纹缸

清康熙　观复博物馆藏

青花和釉里红均为釉下彩，将两者结合在一起表现瓷器纹样，是元代景德镇的创新之作。早期瓷器上的釉里红和青花的比例相当，平分秋色。到了清代，青花更多的是作为釉里红的一个点缀。红蓝两色互相映衬，装饰效果极佳。

这件清康熙时期的缸圆口内敛，腹部鼓起，底部有圈足。缸外壁用青花和釉里红描绘了海水江崖、双龙戏珠图案。红色长龙从海水中腾起，龙爪大张，瞪目张口，身体扭转有力，姿态威武矫健。山石与云朵以青花描绘，衬托龙纹。此缸整体造型端庄，胎体坚硬，釉色莹润，青花与釉里红发色纯正。

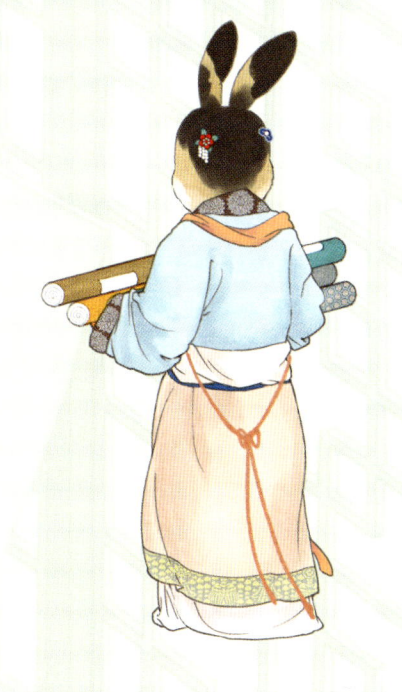

紫檀凤鸟纹三足灯架

清代　观复博物馆藏

过去没有电灯，严格来讲，古代的灯架大部分应该是烛台架，架上放置蜡烛。此对灯架则与传统烛台架不同，它并不设置放蜡烛的平面，而是于架头处吊下金属环，用于吊挂灯笼或烛台。灯架下设三足，架头圆雕夔凤纹，雕工精美。其材质选用名贵紫檀木，木质细腻，色泽深沉。

铜洒金冲天耳长足香炉
清早期　观复博物馆藏

铜炉双耳小巧，鼓腹圆润，底部铸有三足，足瘦而高，整体造型稳重，又有俏丽之感。木质炉盖透雕卷草纹，顶镶红玉髓，与炉身完美搭配。此炉通身洒金，凸显贵重，挺拔俊秀，神韵悠然。

白釉沥粉龙凤纹梅瓶
清雍正　观复博物馆藏

瓷器的沥粉工艺是用矿物原料调制成"粉"剂，在瓷器表面滴出浅浮雕效果的纹饰后烧造。此件梅瓶通体施白釉，瓶身上采用沥粉工艺装饰龙凤纹样。升龙舞动腾挪，飞凤舒展羽翅，龙凤之间有祥云、火珠。足部饰蕉叶纹，底部有"永乐年制"寄托款。梅瓶器型周正，低调素雅，独具美感。

紫檀霸王枨条桌
清代　观复博物馆藏

条桌两端加翘头，式样少见。此桌为名贵硬木紫檀材质，木色红中透紫，整体光素无纹。正面牙条正中置三暗屉，不设把手，需从底部推开。条桌桌面与四腿间以"霸王枨"连接。霸王枨是一种家具构件，上托桌面，下连腿足，以将桌面所承受的重力转移到桌腿上，达到稳定而牢固的承托效果，同时可以释放桌面下方的空间，使得整张桌子显得简约清秀。

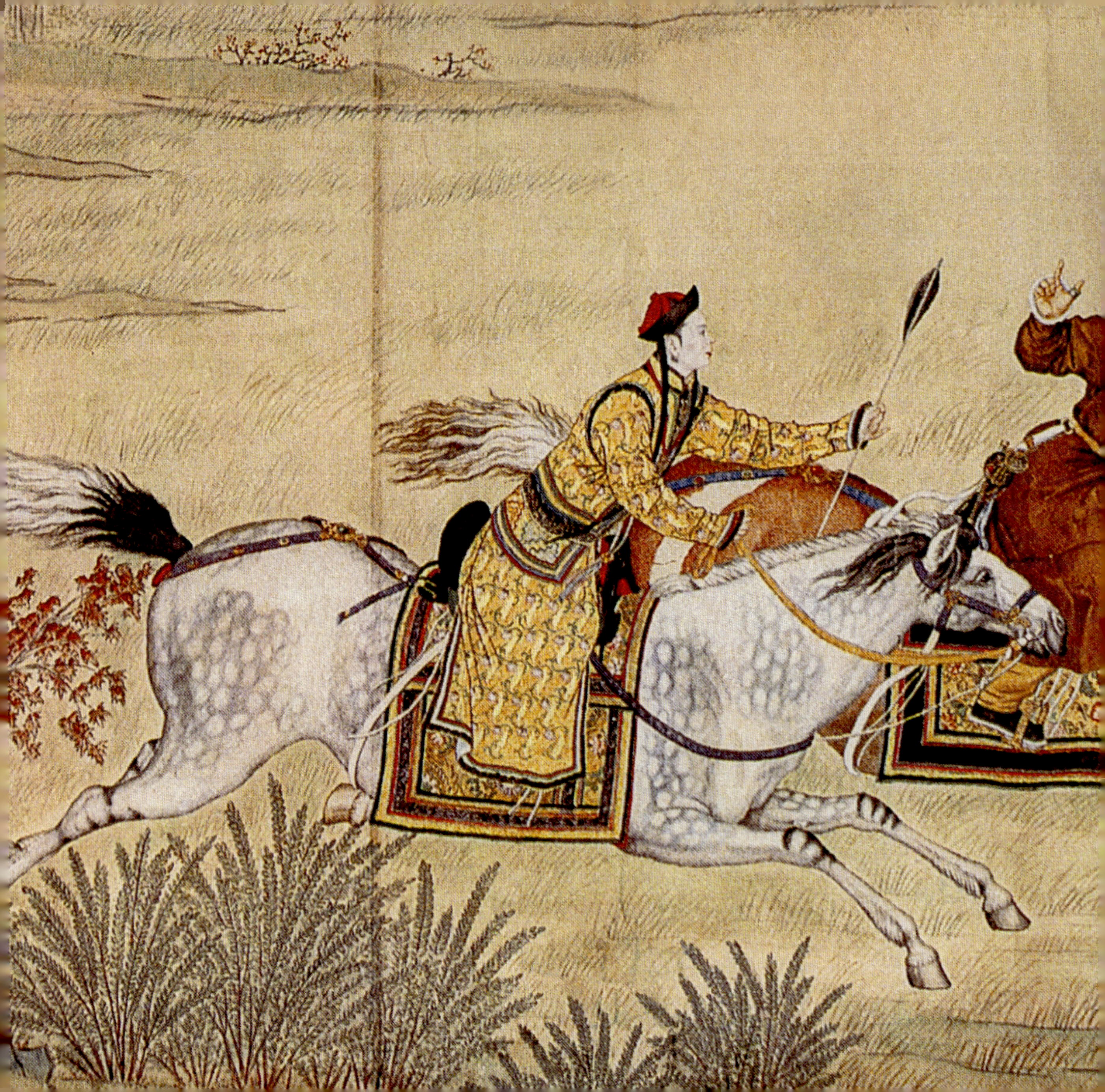

威弧获鹿图

不爱红装爱武装

古画
GUHUACHUANQI
传奇

尚武的清王朝

自白山黑水间兴起的清王朝，素来有尚武的传统。或是地缘因素，或是天性使然，满族对骑射的热情在其入关后的数十年间始终不曾消散。

金代《北盟录》记载："女真善骑，上下崖壁如飞。精射猎，每见巧兽之踪，能蹑而摧之。得其潜伏之所，以桦皮为角，吹作呦呦之声，呼鹿射之。"可见早在女真时期，骑射在白山黑水间就已颇具规模。

无论是清王朝的奠基者努尔哈赤，还是实际开创者皇太极，都将骑射视为民族传统。在逐渐走出白山黑水的过程中，依然时常强调八旗子弟要重视骑射，不可一味重文轻武，忘记自己的根本。到了顺治朝，骑射的传统逐渐规范为"南苑行围"和"木兰秋狝"等固定形式。

南苑位于京郊，从元代起就是专供皇家狩猎的宫苑。这里草木茂盛、禽兽聚集，是一处天然的猎场。木兰围场于康熙二十年（1681年）设于河北承德，满语中"木兰"是"哨鹿"的意思，即八旗士兵头戴鹿角，身披鹿皮，口吹木哨，模仿雄鹿求偶的声音，引诱出雌鹿进行猎杀。

纵观历次清代皇家行围史料不难发现，行围狩猎不仅是对八旗子弟的一种校阅，更是一种礼仪性的统治手段。康熙、乾隆两朝，都曾借猎场教育皇子、后妃。皇帝在考察和培养皇子骑射能力的同时，也希望借此机会在整个宫廷中营造浓厚的尚武之风，表达对先祖的怀念，同时巩固自身的统治。

红妆与武装

行围狩猎，通常是男性的主场。但在尚武之风盛行的清代，也留下了不少女性的"尚武之像"。一些绘画中的嫔妃，或骑马射猎，或戎装加身，彰显了清代皇家女性不同于前朝的奔放。

《清史稿·太宗本纪》记载，崇德元年（1636年），皇太极"定有天下之号曰大清"，初建的大清还处在与晚

《威弧获鹿图》 清代 故宫博物院藏

明的对峙中。崇德三年（1638年）皇太极曾有严令："有效他国衣冠、束发裹足者，治重罪。"明代妇女流行缠足，这是当时社会对病态审美的追逐，女子缠足以求弱柳扶风之态。缠足对身体摧残的后果也显而易见——女子足部变形，行动极为受限。满族妇女则为天足，行走如常。康熙皇帝在给祖母昭圣太皇太后（即孝庄）请安时，她也曾语重心长地叮嘱皇帝，不可贪图享乐而忽视武备的训练。在这样的社会氛围与法令约束下，女性自然也十分重视武备。每逢宫中组织狩猎，后宫嫔妃都会伴驾随行，甚至上场骑射，这种宫廷活动完全不同于明朝习俗。

《威弧获鹿图》全称为《乾隆帝及妃威弧获鹿图》，现藏于故宫博物院，纸本设色，画幅纵37.6厘米，横195.5厘米，为一长卷。包首处有黄签题名《威弧获鹿图》，"弧"指弓箭，"威弧获鹿"就是弯弓猎鹿的意思。

画面描绘两名衣着华贵的男女一同行围狩猎的场景：两匹骏马驰骋在草木丰茂的围场，男子上身随着飞驰的马匹微微前倾，弓上的箭已离弦，准确射入前方一头野鹿的肩胛。旁边的女子紧紧跟随在男子身后，正要将手中的箭递与男子，显示出其娴熟的骑射功夫。两人的动作完全在骏马飞奔的过程中完成，既充满动态，又彰显二人的默契，演绎了一幅纵马驰骋、逐鹿围猎的豪迈场景。画面右上角有"乾隆御览之宝"椭圆篆朱文鉴赏章和"乾隆宸翰"朱文方章，可见此画重要，曾被乾隆皇帝珍藏。

画中人正是乾隆皇帝和他的宠妃。乾隆皇帝正值壮年，皇妃年轻貌美。通过发式、服饰及面部特征推断，这位皇妃很有可能就是来自西域的容妃，即传说中的"香妃"。

298

神秘的"香妃"

大家印象中的香妃，大都离不开各种小说和戏剧。存在于各种文艺作品中的"香妃"来自回部，不仅美貌无双，还体有异香，能引来蝴蝶，更让乾隆皇帝拜倒在她的石榴裙下，颇具传奇色彩。但查阅清代各类史料档案，都没有见到关于"香妃"的记载。乾隆皇帝只有一个来自回部的妃子，是容妃和卓氏。于是学者们达成一种共识：存在于民间传说与故事中的"香妃"，应为乾隆时期的容妃演化而来。

据《清史稿·后妃传》记载："又有容妃，和卓氏，回部台吉和札赍女。初入宫，号贵人。累进为妃。"容妃于乾隆二十五年（1760年）入宫，她的哥哥是和卓部头领图尔都，曾协助乾隆平定大小和卓叛乱。乾隆皇帝为表彰图尔都功劳，便将容妃选为贵人，次年封嫔，乾隆三十六年（1771年）封为容妃。

容妃入宫以来，乾隆皇帝对她一直十分宠爱，尊重容妃的民族习惯，允许她在宫中穿回装，做礼拜，还下令为容妃特制清真饮食，经常命其陪伴出席各类出巡与活动。直至乾隆五十三年（1788年），容妃病逝，安葬于清东陵。

如果"香妃"是借鉴了容妃的生平演化而来的，那这种传说又是从何时开始的呢？光绪十八年（1892年），萧雄编撰的《西疆杂述诗》卷四《香娘娘庙》中有"纷纷女伴谒香娘"的记载，在附录中作者还特别强调了香娘娘"体有香气"。光绪三十三年（1907年），《王湘绮先生全集》第五卷中，对"香妃"的故事有了更加详细的描述，出现了回族妃入宫，不顺从皇帝，最后被皇太后绞杀等情节。"香妃"这一称呼，应是来自宣统三年（1911年）李岳瑞所作的《春冰室野乘·国朝列女传》中"体有异香，不假熏沐，国人号之曰香妃"的记载。

来自异域的神秘感，加之后人充满奇幻色彩的想象，最终演绎出了民间传说中的"香妃"形象。再看这幅《威弧获鹿图》上与乾隆皇帝并驾狩猎的女子，是不是觉得更加生动了呢？

观复猫 《威弧获鹿图》

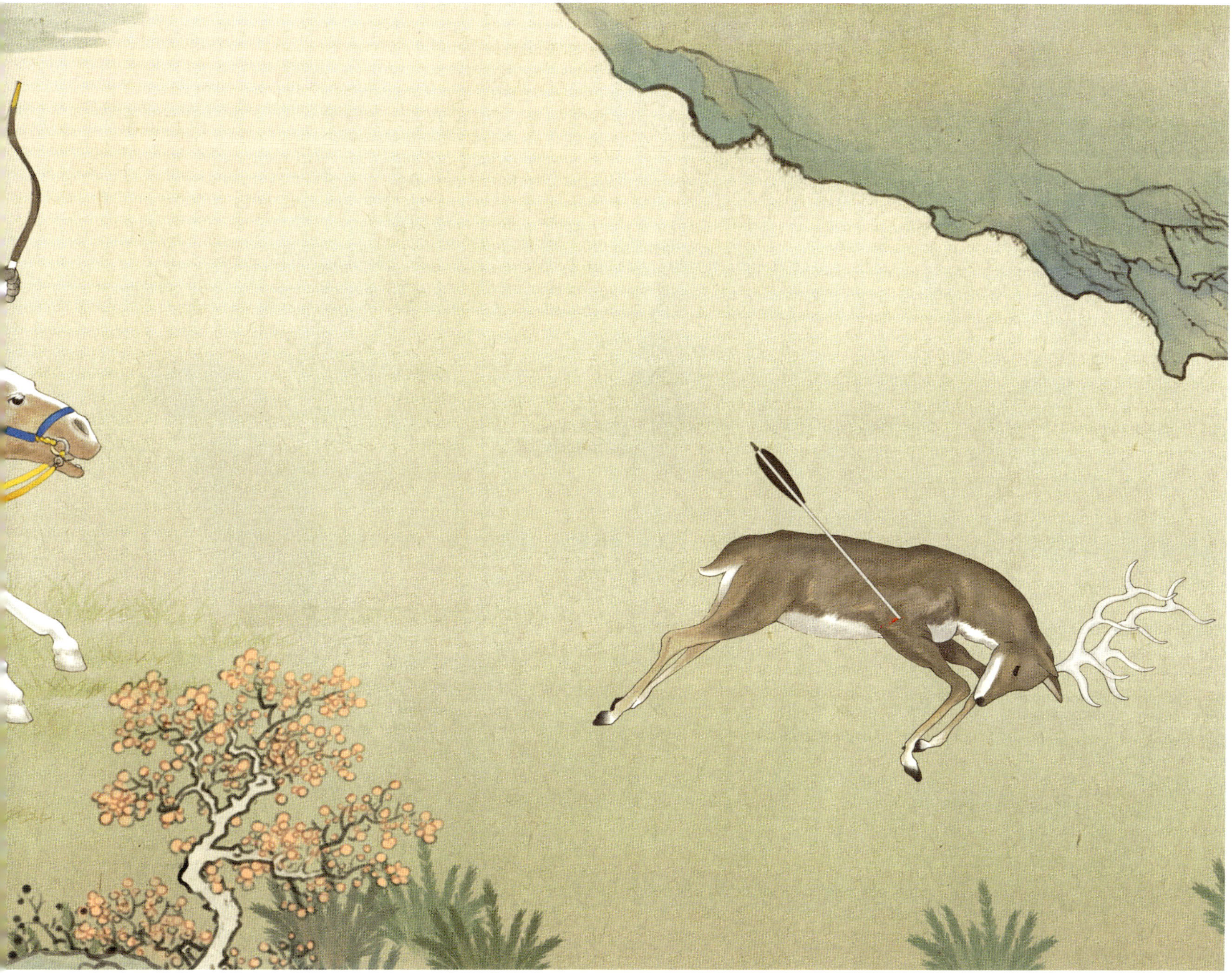

朵朵

花柴柴

钻入古画的观复猫

观复猫拉个小组合搞事情,一直是有趣的自娱自乐项目,总能引起人们无限的遐想。在观复猫版《威弧获鹿图》中,帅气的花荣荣饰演了乾隆皇帝的角色,潇洒帅气。画中荣荣身着古代服饰,手戴扳指,驰骋马背,别提有多么英俊威武了。来自异域的容妃又应该交给谁来饰演呢?娴静美好,温柔可人,还得带一些异国血统,思来想去只有我们的小公主云朵朵最合适。毕竟我们朵朵是英国短毛猫,身上也是带有着异国血统呢。

云朵朵饰演花荣荣美丽的皇妃,相伴君旁,二人骑马围猎,给大家上演了一段夫唱妇随的精彩剧情。细看画面,两只猫猫配合得十分默契。花荣荣威风凛凛、一脸兴奋地骑马拉弓,长长的毛发随风飘起;云朵朵紧随其后,英姿飒爽,及时递上箭支。好一幅高甜的场景。当然,这只是为了演绎这幅画,现实生活中朵朵可不是荣荣的皇妃,两只猫猫是关系非常好的朋友呢!

观复猫

GUANFUMAOSHUOWENHUA

说文化

富贵平安马鞍毯

清代 观复博物馆藏

马鞍毯普遍使用于北方游牧民族，由于马背并不柔软舒适，长途骑马的时候就需要配备马具缓冲路途颠簸。最初的马鞍并不如今天这样华丽，很有可能只是简易的动物皮毛或纺织品制成的垫子，经过逐渐发展后才出现了木制或者金属制的马鞍。后来，又出现了用绑带或其他安全辅助措施加固的马鞍毯，不易从马背上滑落。因编织藏品不易保存，后世的马鞍毯流传较少。

这件马鞍毯以蓝、黄、棕为主色调，毯面织出博古插花，周围装饰一圈杂宝纹，端庄大方。"杂宝"是我国古代传统吉祥图案之一，常以珠、钱、磬、祥云、方胜、书画、蕉叶、灵芝、元宝等元素组成，具有吉祥的寓意。

蝙蝠杂宝纹带玉环金耳环（对）

清代　观复博物馆

耳环为历史悠久的首饰之一。此对耳环为金镶玉材质，金饰部分以黄金錾刻成蝙蝠形状，造型极为生动。蝙蝠背后嵌有一颗米粒大小的珍珠。此类小珍珠，因珠贝层厚，亦属珍珠中上品。蝙蝠前端宽边上錾有满铺平整珍珠地，均匀细密，正中设有一串小花，极为立体，花朵上纹脉清晰，根根分明。下部穿有一小玉环，似为铜钱之象征，寓意"福在眼前"，又应"金玉良缘"。宽边向上兜转到上部变细，以便穿过耳孔。

白玉浮雕骏马诗文扳指

清代　观复博物馆藏

扳指，古称韘（shè），是扣弓弦的器具。古代拉弓射箭只用一根拇指扣住弓弦，细细的弓弦会对手指产生极大的压力，很容易勒伤皮肤。将扳指套在拇指之上，可起到保护作用，防止拉弓的人受伤。早期的扳指多用兽骨等材质制作，清代重视骑射，扳指慢慢演化为达官显贵手上的装饰品，材质也变得多样，以玉石、翡翠或金银等贵重材料为多。

这件扳指为白玉材质，质地温润，扳指上以浅浮雕的方式雕刻了骏马图。骏马体态健硕，低头细嗅芳草，右前足上抬，温和驯服。扳指的周身镌刻南朝（宋）谢庄的诗文："登璧门而归实，掩芝庭而献箐。"另有"子纲"款。"子纲"，即明代琢玉名家陆子纲的简称。

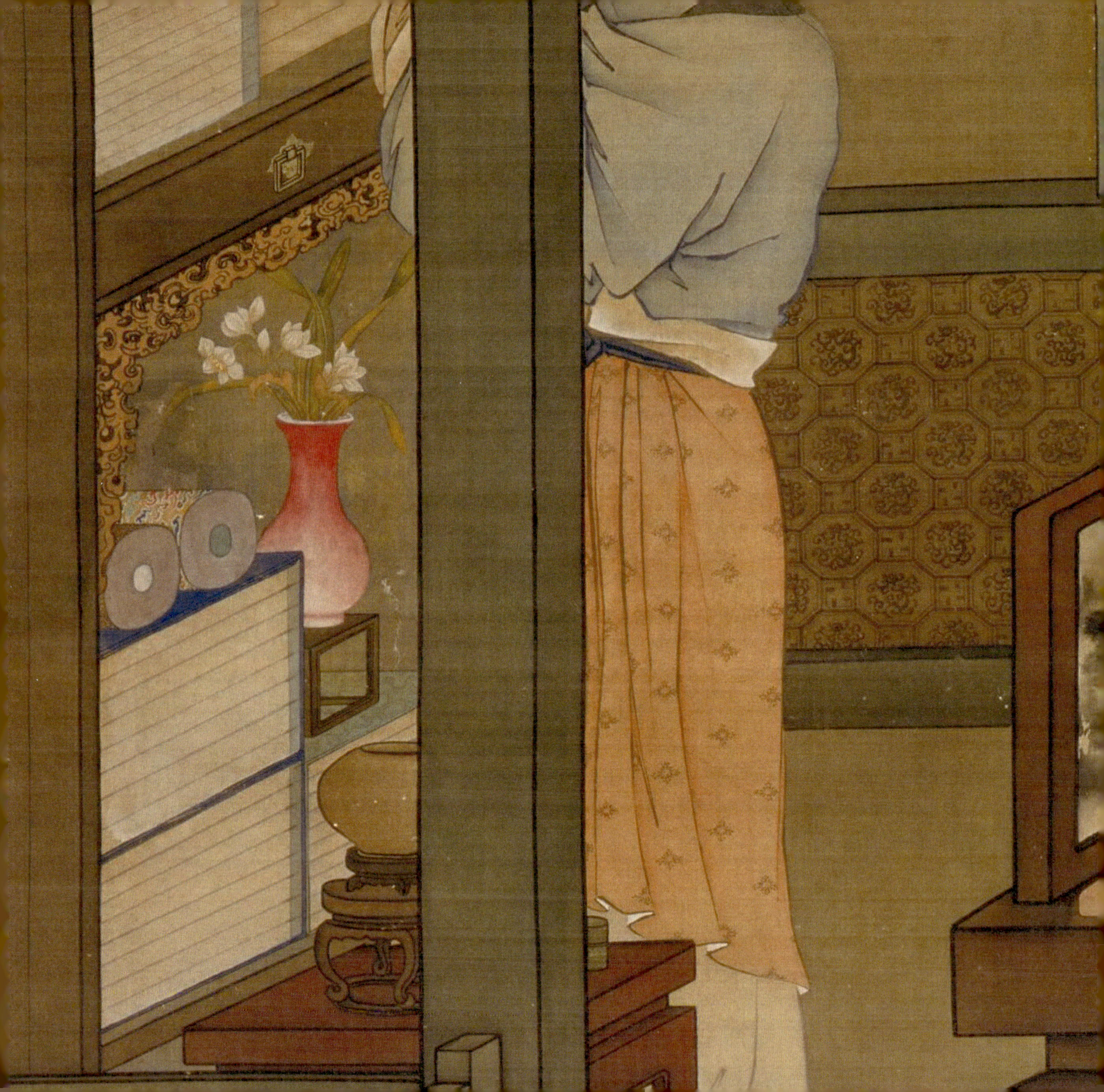

仕女簪花图

画里画外，何处真

古画
GUHUACHUANQI
传奇

画里画外

故宫博物院收藏的《仕女簪花图》，绢本设色，纵223厘米，横130.5厘米，画作署款"臣金廷标恭画"，由清代乾隆时期宫廷画师金廷标创作。这幅作品尺寸巨大，学者推测它可能是乾隆时期宫廷建筑墙面上用来做装饰的贴落通景画。

什么是贴落通景画？它包含了"贴落"和"通景画"两个概念。贴落是把作于纸、绢上的字画做简单托裱后，直接贴在室内墙上的装饰方法。贴落，可以看作一种古代的手绘壁纸。

贴落的尺幅可大可小。小不盈尺的贴落可以画上花鸟、山水，用来装饰窗面、隔扇。墙壁边角如果需要美化，也可以随形绘制围栏、格架、窗扇等内容的贴落画，需要什么就画什么。可这两种贴落一旦被从墙上揭下来，因为仅是为装饰局部，其内容则无法独立成画。还有另一种贴落，它的绘画主题明确，画面完整，因此揭取下来以后，画面仍可以另行装裱成为独立的书画作品。这类贴落的尺幅通常很宽大，有些甚至大到可贴满整面墙壁、屋顶。所绘内容与室内环境相呼应，有的是室内陈设的延续，有的通过画中的门窗将观者的视线引向一个虚拟的室外景色。这种将虚实场景结合的作品，通常被称作通景画。

之所以说《仕女簪花图》是一幅贴落通景画，是因为画面最上方的回纹透雕门框。这组门框在整幅画中显得非常突兀，两头突然中止。这种违和的画面恰恰符合通景画的需要，猜测在贴有《仕女簪花图》的房间里，应该有一组纹饰、颜色与画中门框一致的隔扇。真实隔扇的样式延续进图中，画里女子的梳妆空间就成为这个房间的延续，画中的家具与房间的陈设相呼应，甚至画中的竹林也延伸成房间外静谧宜人的景色。

画里画外，虚实之间，贴落通景画营造了视觉的穿越。

门·窗

《仕女簪花图》中，女主人站在由门框限定的室内空间。门框的存在好似聚焦的信号，将观者的视线自然引入主题。只见画中女子姿态婀娜，发髻高盘，一手斜撑桌子，另一手摆弄发簪，正对镜梳妆。女子身后是一间陈设雅致的内间，侍女在整理架子上的书籍，一旁是工艺考究的镶嵌大理石罗汉床，床后有翘头案，案上陈设着各种文房雅玩。房间尽头，窗扇半开，可见室外的茂林修竹同屋内的古雅相称。远景的窗户呼应近景的门框，视线随门窗延伸的方向行进，仿佛沿着一条隐藏的轴心，所到之处，景物层层递进、不断延伸。

这种运用门窗取景的艺术手法在清代宫廷绘画中颇为流行。画中的门窗不仅具有分隔空间的作用，同时，打开的门窗也起到了框景的作用，这样既强调主题，又增加空间层次，可谓一举多得，匠心独运。另外，门窗取景法也经常在贴落通景画里看到。画家们在构图时运用巧思，用画笔将虚拟的门窗与真实的房间联系起来，使画面看起来是建筑结构的延伸。金廷标谙熟此法，曾在多幅作品中用门窗造景，并且成功地将其运用在他创作的贴落通景画中，《仕女簪花图》就是其中一例。

门窗凭借其独特的美学意义，在中国传统艺术中营造着别样的浪漫。"门窗取景"的艺术手法不仅仅被画家熟练地运用在纸绢上，园林、雕塑、小说、诗歌等多种艺术形式中也都能找到门窗的身影。

在中式园林中，门窗是不可缺少的建筑组成部分，也是最富于变化的装饰元素，在营造景致方面独树一帜。在园林的建筑、庭院、回廊中布置大小不一、形状各异的门窗，可以让光线透过门窗与园中景色交相辉映。行走在园林中，借助门窗框景、借景的效果，实现移步换景、景色常新，不正是诗中写的"山重水复疑无路，柳暗花明又一村"吗？

在古代诗词中可以找到更多直接借门窗营造意境的佳句：

两个黄鹂鸣翠柳，一行白鹭上青天。

窗含西岭千秋雪，门泊东吴万里船。

杜甫笔下的窗仿佛能将读者带入诗中，诗是杜甫所见所想的风景，而窗内、窗外是读者脑海中的想象。以窗作为参照，观者眼前是正临窗远望的诗人，随着他的视线向窗外看去，思绪被眼前翻飞的黄鹂带动，远望是积雪覆盖的山岭，近看是即将远航的商船，所见、所思、所想都随着振翅的白鹭飘向远方。

313

《仕女簪花图》 清代 故宫博物院藏

"画画人"金廷标

画画人，是清朝对宫廷画师的称呼，他们是一群当时最会画画的人。画画人多来自民间，凭借高超的画技供职于清宫，遵照皇帝的要求创作绘画作品。画画人有许多，其中有一人尤其被乾隆皇帝认可，他就是《仕女簪花图》的作者金廷标。

金廷标，字士揆，浙江乌程（今湖州）人，擅长题材广泛，人物、山水、花鸟、禽兽、树石等都有涉猎。在清宫档案和民间画史记载中，关于他的个人信息非常有限。清乾隆二十二年（1757年），乾隆帝第二次南巡，金廷标凭借一套白描罗汉册自荐成功，得以入清宫画院侍候。"六月初九日，接得员外郎郎正培、催总德魁押帖一件，内开本月初七日太监如意传旨：如意馆新来画画人金廷标着画《十八学士登瀛洲》

手卷一卷，往细致画。钦此。"这是金廷标第一次出现在清宫档案的记载中，也是他入职如意馆后领受的第一份工作。乾隆皇帝在谕旨中点名要金廷标来创作，显然是对这位刚入职的画画人非常中意。在这之后的十年时间里，金廷标的名字多次出现在乾隆的谕旨中：

"养心殿西暖阁三希堂向西画门，着金廷标起稿、郎世宁画脸，得时，仍着金廷标画。曲尺南面着金廷标画人物……三希堂对宝座西墙，着金廷标画人物。"

"太监胡世杰交仇英画《汉宫春晓》手卷一卷，传旨：着金廷标仿画。"

"金廷标起稿，着郎世宁用白绢画御容一幅。"

如此详细的谕旨还能找到很多，可见乾隆对金廷标画技的认可。

在乾隆的赏识和重用下，金廷标在如意馆供职期间的创作成果颇为丰硕。除《仕女簪花图》外，还有《儿童斗草图》《冰戏图》《乾隆皇帝宫中行乐图》《听泉图》《冯婕妤挡熊图》等多幅作品流传至今。根据清宫档案，金廷标当年应该与其他宫廷画画人一起创作过更多贴落画。这些作品大多数被用来装饰紫禁城的宫廷房间。其中有些贴落画与《仕女簪花图》的经历相似，被揭取下来装裱保存，有些则随着建筑改陈、翻新或遭破坏而成为历史。

清乾隆三十二年（1767年），"四月十七日，接得员外郎安太等押帖一件，内开四月初四日太监胡世杰传旨：如意馆行走、七品官金廷标病故，其柩着杭州织造西宁家人便差带回原籍，将伊父母之柩查明，一并埋葬。钦此"。金廷标供奉内廷十年，自乾隆二十二年入宫，至乾隆三十二年病故。

金廷标去世后，乾隆皇帝对这位中意的画画人怀念不已，每每在宫中遇到金廷标的作品时他都不禁感叹回忆，多次在金廷标的画作上留下题记。在《桐阴把兰图》上他题写道："绘事不难难得神，精描粗写每超伦。足称世画无双画，可惜斯人做古人。"

"画画人"金廷标，匠心独运，神解超然，有契圣心。

观复猫《仕女簪花图》

钻入古画的观复猫

谢鸯鸯

观复猫谢鸯鸯，因双瞳异色得名"鸯鸯"。猫如其名，一双灵动的眸子，橘色尾巴似乎与异色的双瞳相呼应，从内到外散发着优雅温婉的气质。

谢鸯鸯的温婉是大家闺秀型的。她的性格落落大方，见人从不躲闪。每每与她迎面相遇，她总是先打起招呼，大方却又不会过分热情，能让人如沐春风。

"当窗理云鬓，对镜贴花黄"，观复猫谢鸯鸯钻入《仕女簪花图》，传神地演绎了女子临窗梳妆的动人场景。她身姿婀娜，对镜簪花，更增美貌。

观复猫

GUANFUMAOSHUOWENHUA

说文化

"扯不断"人物纹围栏

清代　观复博物馆藏

围栏，顾名思义是围挡倚靠的栏杆。在古代木质结构建筑中，围栏和门窗一道，起分隔空间的作用。不同的是，围栏常用在室外，而门和窗则多用于建筑的立面或室内。

这组"扯不断"人物纹围栏扶手下方绦环板的位置镂空，装饰透雕盘长结、植物纹饰。下方格心面积最大，外圈以攒斗工艺将小段木条拼接成"扯不断"纹饰。该纹饰的线条为一个闭环，首尾相接，没有尽头，古人因此取其"绵延不断"的寓意。在格心中心的位置留圆形开光，嵌高浮雕人物纹饰板，比例协调，雕刻工艺精湛。

黄花梨七屏风式嵌理石罗汉床

明晚期　观复博物馆藏

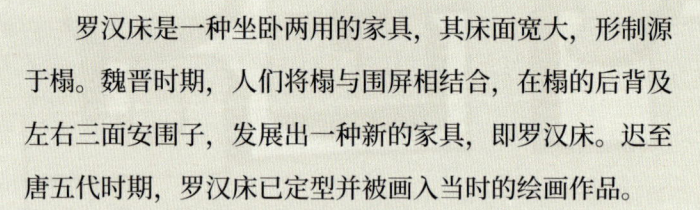

罗汉床是一种坐卧两用的家具，其床面宽大，形制源于榻。魏晋时期，人们将榻与围屏相结合，在榻的后背及左右三面安围子，发展出一种新的家具，即罗汉床。迟至唐五代时期，罗汉床已定型并被画入当时的绘画作品。

这件罗汉床制作于明代中晚期，主材选用黄花梨木，木色古雅，纹理自然。三面围子由七框方屏连接而成，后背三块，左右各两块，且围子高度自后背向前逐级递减。每框方屏中分别镶嵌一块天然大理石，纹理自然呼应，颇具传统水墨画自然天成的韵味。

德化窑刻花双兽耳筒瓶

清康熙　观复博物馆藏

德化窑，因其窑址位于福建德化而得名，以高质量的白瓷及出神入化的塑形技艺闻名于世。德化白瓷在交通尚不发达的明清时期已远销海内外，尤其受到欧洲市场的喜爱、追捧。

这件清代康熙时期的德化窑刻花双兽耳筒瓶，通体润白，双耳小巧呈兽头状，仅在上腹部刻画西番莲纹饰，既不破坏通体白釉的美感，又打破单调。加之高挑修长的造型，雅致感别具一格。

胭脂釉胆瓶

清乾隆　观复博物馆藏

　　胭脂红釉创烧于清代康熙晚期，是一种以金作为着色剂低温烧成的色釉品种。制作时首先需要烧制精致的白瓷作为施釉基底，再在白瓷上均匀地喷涂胭脂红釉料，入窑在 800℃ 的环境下烧成。古代根据烧成器物的发色程度，将颜色由浅至深分别称作"胭脂水釉""胭脂红釉""胭脂紫釉"。

　　这件胭脂釉胆瓶，釉色艳丽饱满，属胭脂红釉的发色程度。胆瓶线条流畅，比例和谐。底足中心有青花书"大清乾隆年制"款。

乾隆帝写字像

乾隆帝妃古装像

皇家"情侣"头像

古画传奇

GUHUACHUANQI

"穿"汉服的乾隆

我们如果可以打开清代皇帝的衣柜，就会看到里面放满了耀眼的服装。皇帝不必发愁每天穿哪件衣服好，只要先看看一天的行程安排，就能决定当天穿什么。

皇帝的衣服根据用途可以分为六类：朝服、行服、吉服、常服、雨服、戎服。朝服是所有的衣服款式里面最正式的一类，皇帝在登基、祭天、大婚等重大活动中会穿朝服。皇帝外出骑马打猎时会换上便于运动的行服。行服样式有三种：行褂、行袍、行裳。其中行褂最常见，平民百姓也会穿此种款式，这便是我们俗称的马褂，满语叫"鄂多赫"，直到民国时期仍然流行。

我们日常说的"龙袍"，指的就是皇帝的吉服。吉服的穿着场合和朝服类似，但吉服的级别没有朝服高，所以穿着的次数和场合会比朝服的多一些。皇帝在休闲时间可以换上常服。常服款式简约，舒适服帖。若皇帝外出遇上恶劣的雨雪天气，可换上雨服，挡风遮雨。最后一类是戎服，即皇帝的铠甲。当有重大军事活动或需要御驾亲征的时候，皇帝就会穿上坚实厚重的铠甲，彰显帝王的气势。

故宫博物院有一幅《乾隆帝写字像》，绢本设色，纵100.2厘米，横95.7厘米。这幅画中的乾隆皇帝穿的并非上述六类衣服，而是汉人的服饰。汉服类型众多，大致可以归纳出四个比较典型的特点：交领右衽、系带隐扣、宽袍大袖、上衣下裳。衽指的是衣襟，穿衣服时将衣襟交叠，左边衣襟压住右边，呈现"y"字形，就像画中的乾隆一样。汉服着装不用扣子或将扣子隐藏在衣服里侧，使用带子打结固定衣服，同时兼具美观，这就叫"系带隐扣"。宽袍大袖很容易理解，袖子是让手自由出入的地方，制作成宽松的袖子，穿者活动起来灵活自如，飘逸随性。汉服还有一个特点是上衣下裳，上身穿着衣服，下身穿着裙子。

脱下"龙袍"、换上汉服的乾隆皇帝一副文雅书生的模样，他坐在雅致的书房之中，一手拿着毛笔，一手捻须思索，似乎在思考将要书写的内容。他身前的书桌上摆满文房用具，从左向右依次摆放着青铜匜、贮水的白色水丞、刻有盘龙纹饰的砚台、青玉镇尺。背景中，有君子之称的梅和竹在风中摇曳，前后呼应，文气十足。

乾隆皇帝为什么要求画师给自己穿上汉服呢？康乾盛世时期，清朝初建时满汉文化冲突大大减弱，皇帝重视汉族文化，重用汉族大臣已是常态。清代皇子从启蒙阶段，就开始接触儒家文化，诵读四书五经。清人福格在《听雨丛谈》中记载着皇子每天需要学习的内容："每日功课，入学先学蒙古语二句，挽竹板弓数开，读清文书二刻，自卯正末刻读汉书，申初二刻散学。"皇子从小诵读汉书，在潜移默化中生出对汉族文化的向往。等皇子登基，正式成为皇帝，便在画中过了一把汉服瘾。

谁识当年真相貌

与《乾隆帝写字像》相似的还有一幅《乾隆帝妃古装像》，绢本设色，纵101厘米，横97.2厘米。画中宫妃身上穿的也是汉人的服饰，对襟直领，宽袍大袖，这种样式在宋代颇为流行。衣服颜色整体以蓝为主，上面的双凤团花纹饰为点睛之笔。

宫妃面容姣好，珠翠满头，目光望向桌上的铜镜，正在梳妆打扮。她一手持簪欲插入发髻，一手轻挽袖口，以防宽大的袖口滑落后，暴露过多的肌肤。她的头上还戴着一个墨色抹额，与黑发融为一体。抹额是由织物制成的一种装饰物，戴于额前。唐代诗人李贺在《画角东城》中也曾提及此物："水花沾抹额，旗鼓夜迎潮。"富贵人家还会缀金、银、宝石作为装饰，就像画中宫妃所戴的抹额，有白色玉石作为点缀。

宫妃身前的梳妆台上摆放着化妆用品：一面铜镜，一支尚未戴上的发簪，盛放脂粉用的青花盖盒。左侧有件白色花形小碗，里面放置着可供簪戴的时令花卉。右侧是件木质提盒，里面有梳篦及其他首饰。宫妃身后展现的是窗外的风景，水塘中满是盛开的荷花，估计时间大致是盛夏。右侧窗户敞开，能看到茂密的竹林，刚好和《乾隆帝写字像》中的景色遥相呼应。

整个画面呈现出宫中嫔妃生活的华丽感，从服装到首饰，都透露出帝王家的高贵与典雅。没有文献记载这位女子是乾隆的哪位嫔妃，画中的世界总是会留给我们很多想象的空间。

《乾隆帝写字像》 清代 故宫博物院藏

《乾隆帝妃古装像》 清代 故宫博物院藏

前卫的皇家审美

《乾隆帝写字像》和《乾隆帝妃古装像》这两幅画尺寸相差无几，画风极其相似，常常被同时提起。由于没有落款记录下作者姓名，我们还无法确切断定画家是谁。故宫学者从整体风格及绘画技法上分析，认为两幅画为宫廷画家郎世宁和金廷标共同创作。

郎世宁来自意大利米兰，清康熙五十四年（1715年）以传教士身份来到中国。他在进入宫廷前，已经是一位画技娴熟的油画家。18世纪欧洲流行巴洛克风格，绘画风格华丽写实。来到中国的郎世宁，历经康熙、雍正、乾隆三朝，当了50多年的宫廷画师。

初入宫廷的郎世宁为了入乡随俗，潜心学了7年中国画。清宫档案记载，雍正皇帝对郎世宁的画多次点评。雍正七年（1729年），雍正皇帝看到贴在九州清晏东暖阁的玉堂富贵横披画后，批评了郎世宁，说他画的玉兰和石头并不好看，让他修改。后来干脆命中国画师唐岱画石头的部分，郎世宁负责画花卉。最终，两人共同完成了这幅画，自此郎世宁展开了和中国宫廷画师的合画之路。

严厉的批评，是为了让画师在画技上有所进步。郎世宁在绘画时，将平时自己惯用的油画材料换成中国的笔墨、纸绢，画材上的变动使他创作出的绘画令人惊叹——既保留了西画的立体感，又增添了中国的水墨风。郎世宁在两者之间不断探索磨合，最后呈现了令皇帝满意的画作，开创新体画风。雍正皇帝最终对郎世宁的画技给予了极高的评价："无过其右者。"

再看《乾隆帝写字像》和《乾隆帝妃古装像》这两幅画，也许是某天乾隆皇帝突发奇想，传唤郎世宁和金廷标："给朕画个汉服风格的画像吧。"于是皇家"情侣头像"就此诞生。郎世宁负责描绘人物面部写实的部分，金廷标负责绘制服饰及宫室内外的环境陈设。皇帝偏好西洋画中的写实，又不想丢掉中国画气韵生动的意境美，两者结合，形成了极富特色的宫廷画像风格。不得不说，皇帝的审美确实很前卫。乾隆的无意之举，一点一滴都隐藏在画像的细节中。了解古画的背景，让我们离历史更近一步，这也正是欣赏古画的魅力所在。

观复猫《乾隆帝写字像》

观复猫 《乾隆帝妃古装像》

苏格格

大阿哥

钻入古画的观复猫

观复猫中的大阿宝，有着酷似国宝熊猫的外貌，却总被开玩笑说是熬夜留下的黑眼圈。皇帝每天的行程被安排得满满当当，操劳国事，睡眠时间自然会少一些，黑眼圈在所难免。《乾隆帝写字像》中，阿宝一手轻拈竹叶，一手拿着毛笔，怡然自得。

《乾隆帝妃古装像》中的宫妃由气质脱俗的苏格格扮演，苏格格性格安静平和，一直是大家闺秀的代表。举止优雅的苏格格对镜梳妆，眼神中充满着少女对未来的无尽遐想。

大阿宝和苏格格这对钻入古画的临时情侣，看起来很是般配呀。

观复猫

GUANFUMAOSHUOWENHUA

说文化

五彩山石花卉纹香盒

清康熙　观复博物馆藏

　　五彩是元代后期创烧的，五彩的"五"指的不是五种颜色，而是用数字虚指，表明颜色多。五彩也叫硬彩，这是相对于后来出现的粉彩而言的。粉彩淡雅、柔和绵软，称作"软彩"；五彩风格硬朗，色彩热烈，便叫"硬彩"。

　　这件香盒专用于焚香，打开盒盖，可见蕉叶形香托。盒身以绿釉为地，墨彩绘出不规则形状，形如冰面裂开的纹路，其间点缀朵朵梅花，组成传统纹饰"冰梅纹"。盒盖中心做开光设计，描绘山石花卉，蜂蝶纷飞，笔触随意洒脱，别具自然意趣。

红木圈椅

清代　观复博物馆藏

圈椅是中式家具中最为舒适的一种椅子，实用又美观。圈椅的靠背和扶手自然地融为一体，坐在圈椅上面，大臂和小臂可自然搭在扶手上放松。椅子各部位的空隙还能起到通风纳凉的作用。

此件圈椅为红木材质，用料大方，四平八稳。圈背线条圆润，靠背板为"S"形，靠上去很舒适。藤编椅面，四足包铜脚，极为讲究。整椅不雕纹饰，素雅大方。

黄花梨卷草纹带托泥方香几

明晚期　观复博物馆藏

一般而言，古典家具都是方形的，因为方形家具比圆形的省工省料。唯独香几是个例外，从画例和实物来判断，香几方形少，而圆形多。香几最初的用途是摆放香炉，无论放在室内，还是放在室外，都要居中陈设，所以圆形成为香几的常见形式。

此件黄花梨香几为少见的方形，束腰下浮雕卷草纹牙子。四足以三弯腿形式表现，足下连接有托泥，用于承托香几的腿足部位，增加稳重感。香几用料大方，造型厚拙，线条又不失柔婉，是难得的方形香几上品。

垒丝烧蓝嵌宝石双龙戏珠纹金发饰

清代　观复博物馆藏

黄金属贵重金属，具有耐腐蚀、不易变色、延展性极强的特性，历来为世界各地贵族阶层普遍使用。这件金发饰工艺十分精巧，运用了高超的垒丝技艺。垒丝是将金料拉成极细的金丝，再由能工巧匠编织成各式花纹。

此件发饰以垒丝塑造出"二龙戏珠"的传统题材，龙首相对，昂扬向上，龙嘴张开，朝向火珠，其细微处薄如蝉翼。火珠镶嵌蓝宝石，周围用红色珐琅表现火焰。发饰通体以烧蓝点缀，华丽绚烂。烧蓝是运用矿物釉料，点烧在金属器物之上，形成有光泽感的彩釉，因釉料一般都是蓝色，故名烧蓝。

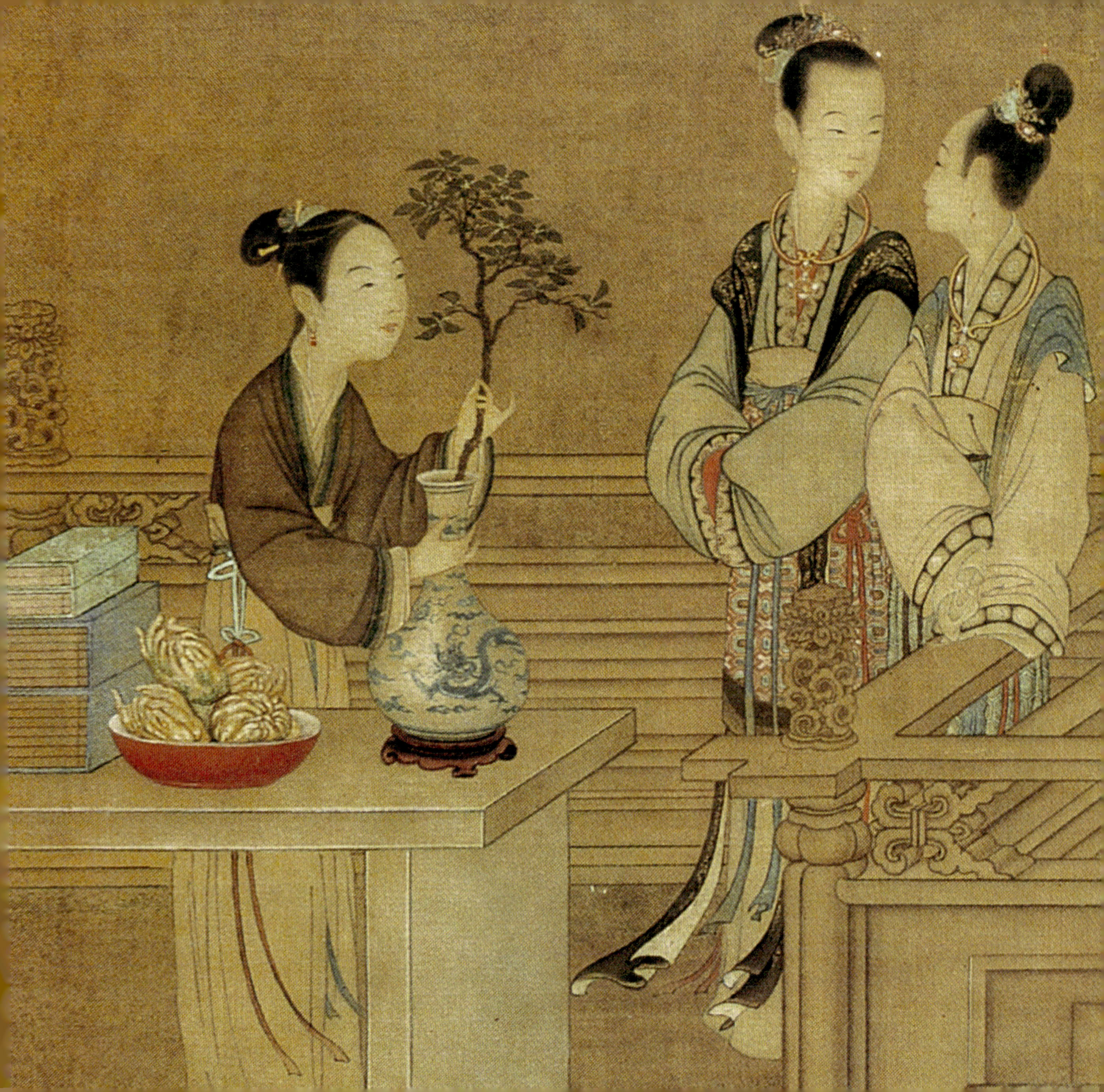

宫妃话宠图

清宫秘事之皇帝没时间

古画传奇

GUHUACHUANQI

被误解的清宫剧

在娱乐文化大繁荣的今天,"清宫剧"一度大受市场欢迎。剧中的清朝历代后宫娘娘衣着华丽、美若天仙,生活在花团锦簇中。后宫佳丽三千,皇帝却只有一人,剧中的嫔妃为了争夺皇帝宠爱,自然免不了尔虞我诈和钩心斗角。

影视剧中,后宫嫔妃是否受到皇帝宠爱、是否在宫中地位稳固,最直接的表现就是位分的高低。这点与历史算是相符。清朝后妃有着严格的等级划分,从上至下依次是皇后、皇贵妃、贵妃、妃、嫔、贵人、常在、答应、官女子等,要想从底层位分一级级升上去,可不是件容易的事。这么多后宫佳丽生活在一起,真会像剧本里写的那样,为了得到皇帝的宠爱不择手段,钩心斗角,引发无尽的事端吗?

故宫博物院收藏的《宫妃话宠图》,绢本设色,纵107.5厘米,横58.4厘米。画中的后宫嫔妃锦衣华服,装饰精致,正在御花园中游玩消遣。她们三两成群,亲密地赏花聊天,脸上带着微微笑意,整体气氛轻松愉快。这也许就是宫妃们平平无奇的一天,画面的融洽氛围似乎与"宫斗"毫无关系。

影视剧本的编写依托史料,却不一定符合史实。我们虽然不清楚嫔妃日常生活中到底会不会有那么多宫斗,但可以知道大部分清朝皇帝或淡泊声色,或政务繁忙,不可能像清宫剧中一样有那么多的时间放在宠幸和陪伴后宫嫔妃身上,况且还有太后、皇后、皇子、公主等地位重要之人更需要皇帝看望。大多数嫔妃很难获得和皇帝相处的机会,只能每天过着重复的生活,自己找生活的乐子。甚至,有些地位较低的嫔妃都没有独立的住所,一生与皇帝相见的次数少得可怜,钩心斗角也无济于事,远没有影视剧中那么多惊险刺激的桥段。

乾隆皇帝忙碌的一天

就拿清宫剧最喜欢的男主角、一生传奇的乾隆皇帝来说，剧里的乾隆皇帝潇洒风流，宫内宫外处处留情，身边的红颜知己、挚爱之人多到数不过来。政务没看到处理多少，反倒很有闲心亲自去调解后宫种种争端。

历史上的乾隆皇帝如果能看到电视剧，估计会大声喊冤。学者吴十洲先生根据乾隆三十年（1765年）正月初八的清宫档案与御制诗文，以及当日的上谕、奏折等资料，按一天的时辰先后排列，考证复原了乾隆皇帝正月间普通而繁忙的一天。

凌晨4点准时起床更衣，去坤宁宫朝祭；5点去给太后请安；6点在中南海同豫轩进早膳，然后去乾清宫西暖阁恭读圣训；7点再更衣，稍微休息一会儿去重华宫主持茶宴。

重华宫茶宴是乾隆年间开始举办的，在每年正月里选择吉日，邀请宠臣们参加以饮茶为主的宴席。茶宴上所饮之茶非常讲究，叫作"三清茶"，由梅花瓣、佛手片、松子烹制而成，幽香清雅，寓意吉利。茶宴的内容不仅是饮茶，更重要的是君臣之间吟诗作对，相互应和，这也是古代君主与臣子联络感情的途径。于是，乾隆皇帝上午一直在重华宫与大臣对诗联句。

茶宴结束时已经到了上午11点，乾隆皇帝马不停蹄地去养心殿处理政务，披览奏折。下午1点开始在养心殿召见大臣，讨论政事。下午2点，皇帝开始进晚膳。为什么是晚膳呢？因为清朝皇帝的生活习惯是一天只吃两顿正餐：早膳和晚膳。早膳一般在早上6点左右吃，晚膳则在下午2点左右吃。正餐之外，如果皇帝饿了，随时可传酒膳和小吃。

用过晚膳，乾隆皇帝在3点稍微休息一会儿，就继续批阅奏折了，4点召见了大臣傅恒商榷政事。时间到了下午5点，乾隆皇帝终于结束一天的政务，下班了，如果是电视剧描写的那样，这时候皇帝该去后宫宠幸嫔妃了。然而史料记载，乾隆皇帝下班后就直奔养心殿三希堂，把这天剩下的时间都给了他心爱的收藏品。乾隆雅好收藏，热爱赏鉴古物，这也是他的减压之道。晚上8点，乾隆皇帝在养心殿后殿的东稍间就寝。

虽然我们并不能用一天来证明所有，但见一叶而知深秋——皇帝也没时间！

观鹏·云鹏·观鹤

《宫妃话宠图》的作者是丁观鹏。丁观鹏是清朝有名的宫廷画家，一生历经康雍乾三朝。雍正四年（1726年），他进入宫廷，是与唐岱、郎世宁、张宗苍、金廷标齐名的画院高手。《清史稿》中记载："丁观鹏，工人物，效明丁云鹏，以宋人为法，不尚奇诡。画仙佛神像最擅长，著录独多。"明确指出丁观鹏擅长画人物，尤其是宗教题材。

他的作品较多，仅被清宫著录的作品就有80多幅。

乾隆皇帝在丁观鹏的画作《罗汉图》上御题："四大本幻，作么传神，云鹏观鹏，前身后身。"另一幅《罗汉图》上题："云海遨游睹圣僧，观鹏笔妙貌云鹏。依然谁认前身是，可畏端知后者能。"在《十六罗汉图》上又题："观鹏此日之云鹏，又复氏族同为丁。疑是三生薰白业，解与净土传真形。"

丁云鹏是明代晚期画家，擅长画人物和佛道题材。丁观鹏的画即效法丁云鹏。二人既有画风上的师承关系，又有相近的名字。乾隆皇帝反复将观鹏、云鹏二人并提，除了赞许，也因这是个有趣的巧合。

成书于嘉庆初年的《国朝院画录》记载了顺治、康熙、雍正、乾隆四朝宫廷绘画的情况，由于作者胡敬是乾隆时期人，记载多为亲眼所见，书中内容颇为可信。书中提及"观鹏克传家学"，说明丁观鹏家里以绘画为职业。又有《读画辑略》记载："丁观鹏、丁观鹤，顺天人，兄弟皆以白描人物、山水，供奉于南薰殿。"宫廷画师都是职业画家，他们之中经常出现父子、兄弟、师生同时供奉于内廷的情况。丁观鹏有一个弟弟丁观鹤，也擅画人物，与他一同在宫中任职。

观鹏、云鹏、观鹤，如果不了解，真的会傻傻分不清。

《宫妃话宠图》 清代 故宫博物院藏

观复猫 《宫妃话宠图》

麻条条

苏二花

钻入古画的观复猫

当不像影视剧里那样忙着宫斗的时候，娘娘们都会聊些什么呢？快来看看观复猫版的《宫妃话宠图》吧！有文化的观复猫凑在一起，肯定会谈谈诗词歌赋、喵生哲学，也可能要相约搭伴看星星、看月亮，小猫咪可是浪漫极了。

参演后宫姐妹花的猫馆长有麻条条、苏二花和李对称。大家都穿戴着精致的服饰，显得貌美如花。条条姿态轻松，扮演端庄仕女驾轻就熟。苏二花第一次接宫廷戏，感觉相当不错，拉着李对称悄悄说着闺密间的贴心话。

观复猫

GUANFUMAOSHUOWENHUA

说文化

紫檀嵌大理石仿藤鼓凳

明晚期　观复博物馆藏

这种圆形凳类家具的名字很多：因为长得像鼓，可以叫作"鼓墩""鼓凳"；又因为人们常常在它上面盖一方绣片，也叫"绣墩""锦墩"；而按照功能来讲的话，又可以叫"坐墩"。鼓凳的造型多样，材质有贵重的硬木、雅致的陶瓷、实用的藤条等。

这件鼓凳以名贵紫檀为主体，大理石面芯，以浅破深，又有纹理变化。鼓凳上下各装饰一圈铜钉，凸显光泽。整体追求藤编效果，线条优美，视觉通透。凳体以弧形相交，造型饱满而不失灵动，敦厚而不失柔韧，殊为难得。

郎窑红釉盘

清康熙　观复博物馆藏

康熙时期的红釉非常有名，其中最有名的就是郎窑红。郎窑红，跟督窑官郎廷极有关。郎廷极当时痴迷于红釉，经过反复实验，烧造出来一种带有玻璃质感的浓重鲜红的瓷器，并将其以他的名字命名，叫"郎窑红"。

这件红釉盘色泽浓重鲜亮，口沿边上露出一圈灯草色，红釉从上到下流淌，至足部积累得最多，却又不会淌过足部，符合郎窑红器物"脱口、垂足、郎不流"的说法。

青花云龙纹玉壶春瓶

清雍正　观复博物馆藏

青花瓷是用含有钴元素的釉料在瓷胎上进行绘制，然后上透明釉烧制而成的。青花的出现改变了当时陶瓷市场的格局，成为最受欢迎的瓷器品种。一直到粉彩瓷器出现，才有其他品种能和它一较高下。

清代雍正朝的青花瓷器有两种风格：一为淡描青花，清雅宜人；一为追摹永宣，浓墨重彩。这件玉壶春瓶即为后者，瓶身以青花绘出数条龙纹，祥云围绕四周。龙身矫健有力，显出强盛之态。青花发色浓重，直追永宣。

佛手

佛手，又叫佛手柑，是一种柑橘属水果，形状很奇特，果实分裂如同张开的手指，因此得名。成熟的佛手呈黄色，外形美观，久置留香。金灿灿的佛手既是色彩鲜艳的陈设品，也是天然的熏香。"佛手"之名本吉祥，再加上"佛"与"福"音近，因此很多吉祥纹饰中会出现佛手的形象。比如佛手、桃子、石榴一同出现，就构成了"三多纹"，也就是多福、多寿、多子之意。

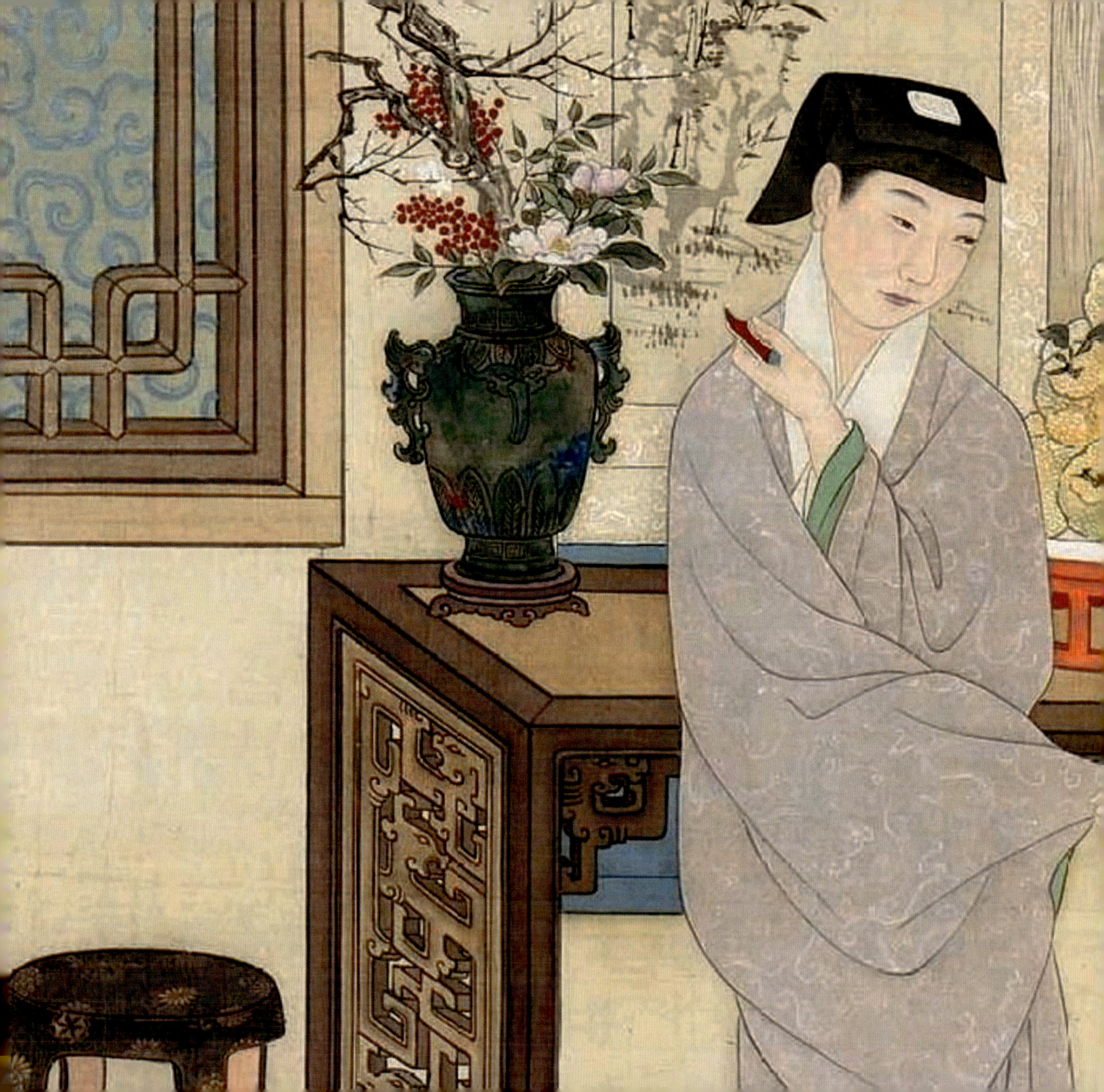

燕寝怡情图

贵族生活"老照片"

古画
GUHUACHUANQI
传奇

前世今生

《燕寝怡情图》是一套清代绢本设色册页，分为上、下两册，每册十二开。图册共绘二十四幅人物画，每幅纵40厘米，横37厘米，所画人物、场景皆用笔精妙、设色艳丽，原为清宫内府收藏珍品。

《燕寝怡情图》重在描绘贵族夫妻日常生活的情趣，每开册页表现一个场景。有的刻画温馨瞬间，如天伦之乐、佳人拔须、书房画扇；有的表现消遣出游，如春日簪花、卷帘赏竹、竹林纳凉、击鼓行乐、盛夏观花；还有一部分含蓄委婉地描绘了夫妻缱绻缠绵的情意，艳而不俗，乐而不淫。

《燕寝怡情图》自画成以来，第一次有记录是乾隆皇帝于上册扉页钤印"乾隆御览之宝"，后又添"嘉庆御览之宝"，可见图册曾在清宫内府有序流传，且颇受皇家重视。然而在嘉庆帝之后再未见到关于此图册的记述。不知何时，图册自清宫流出，入藏无锡望族秦家。无锡秦氏是江南首屈一指的名门望族、书香世家，文学渊源上溯可至北宋秦观，历代人才辈出，中举题名甚至出仕至学士、翰林者过百人。秦家收藏《燕寝怡情图》后，秘而不宣，直至1904年，秦家后人秦文锦在上海创办艺苑真赏社，将大量秦家历代旧藏影印出版，其中就包括《燕寝怡情图》册页。至此，这套珍贵的图册才得以被大众看到。

人有命运，文物亦有之。随着秦文锦先生去世，《燕寝怡情图》的上、下两册分别由其长子、次子继承。这一分离竟成了两本图册的诀别。此后多年几经辗转，上册现藏于美国波士顿美术博物馆，下册则被民间藏家收藏，在聚散沉浮间已见证几百年岁月变迁。

本文"红鞋定情"一幅，即选自美国波士顿美术博物馆所收藏的上册。画中女子一手捂着小脚，另一只手撒娇似的拽着男子的衣角不肯松开。原来是男子耍赖夺了她的红鞋，戏逗调笑。女子奈何不得，只得任由双颊绯红，露出一脸娇嗔俏模样。在古代，女子之鞋是贴身体己的物件，若不是至亲至爱之人，又怎会轻易得见？夫妻二人眉目传情，尽享闺房之乐。如此私密的画面描绘，正合了画册"燕寝怡情"的名称。"燕寝"一词本就有卧室的含义。一本怡悦心情的画册，为夫妻间的美好时刻平添几分情趣。

"老照片"中说穿戴

《燕寝怡情图》堪称清代贵族生活的"老照片"。图册以库绢装册，运笔细腻且敷色艳丽，独具清代宫廷绘画奢华的风格，精致中不失优雅，可见画家功力深厚。图中情节场景的设计构思巧妙，人物姿态生动、神情到位。无论是人物发式、穿戴，还是居室家具、陈设，《燕寝怡情图》都为后人探索当时贵族的日常生活情景提供了翔实的图像参考，与文献记载的内容互为印证。

画中女子一头长发乌黑发亮，额发自中庭处左右分开，顺势延伸入鬓。再将头顶其余发丝轻轻绾起，旋成一个海螺似的发髻逐层升高，这种发式在明末清初的江南地区颇为流行，称作"一窝丝杭州攒"。女子的盘发上还插了一顶假髻，远看如树杈分作两股，人们给了它一个形象的名字——丫髻。

画中表现的是夫妻在卧房中逗趣的场景，女子头上并没有过多的首饰，只能隐约看到有三两根簪子用来固定假髻。若是换作其他场合，发式仅仅是爱美女子们争奇斗艳的开始，各式各样的钗环首饰都将悉数登场。每种首饰各有分工，有的固定发式，有的装饰增色。用材上金银珠翠不限，工艺上无不奇巧精绝。对于像《燕寝怡情图》所表现的富贵家庭，女主人一定有数量可观的钗环首饰。

再看画中男女主人公的衣着，搭配也格外协调。女子身着月白色对襟袄，高领竖起，领口两对金扣清晰可见。自领口向下及底边、袖口，用了红地小团花的锦缎镶边，绛红色与月白地的搭配相得益彰。对襟袄下可见粉绫裙，内层素色锦地长裤，一双三寸金莲着红缎鞋。男子头戴一顶"岌岌冠"，正是明末清初时男子中最流行的头巾式样。岌岌冠区别于其他头巾的特点，就在于它前后都有披幅，且当时的人爱在前面的披幅以金、玉牌作为装饰，以彰显个人气质。男子身穿一袭藕色锦地长衫，外镶白领，内衬翠绿色衬衣，亦穿红色鞋子，文艺气质出众。

画中人物的发式、衣着完备详尽，令人感叹画家分毫毕现的才能。

《燕寝怡情图》 清代 美国波士顿美术博物馆藏

"老照片"里看家具

在有"明代生活百科全书"之称的《金瓶梅》中有这样一段关于家具陈设的描述："西门庆旋用十六两银子，买了一张黑漆欢门描金床，大红罗圈金帐幔，宝象花拣妆，桌椅锦杌，摆设齐整。"可见在古代，以床为中心，再搭配各式桌椅杌凳、屏几格架，即可构成一套完整的卧房陈设。在此基础上，如果再对家具的材质、工艺、纹饰加以区别，那么主人家的地位、身份与财力也就顺势区分开来。

此幅《燕寝怡情图·红鞋定情》就完整地再现了清代贵族府中不为外人得见的内寝样貌。且看，室内靠墙一张湘妃竹回纹挂檐六柱架子床，两竿细竹帐钩将绿地百蝶锦上添花幔帐高高挂起，帐钩尾后有红穗带轻垂，床上摊着亚字纹包套的锦枕、衾被。床头一侧摆放一张镂空螭龙纹板足镶面案子。案子上一侧陈设红漆托底白瓷盘，内设枸橼；另一侧是青铜双耳瓶一件，插花卉数枝。花卉向上盘曲而生，花枝所指方向又垂挂着卷轴《翠竹图》一幅、竹节拂尘一把。画旁的窗扇分外雅致，格心处裱素地蓝云纹纱，清新素雅。窗下还有一张黑漆描金菊瓣纹下出云头的鼓凳，古雅别致。角落里有一个太湖石造型的随形几，几上放一只莲瓣花口盆。

细数这许多的家具，仅凭画中种种细节，已见画家对家具细节的极致表现。很难想象如果将这些家具陈设真实还原，会是何等奢华考究的一番景象。

成就如此精致的一间卧房，画中这张湘妃竹架子床功不可没。湘妃竹浪漫，自古被王侯将相青睐，以其做桌椅等小件家具入画的例子常见，但做成架子床入画的仅见此一例。花为媒，君做伴，湘妃有情，蝴蝶亦来添彩。幔帐所用的绿地娇嫩似春天，栩栩如生的蝴蝶在其中上下翻飞，是欢天喜地的心情，也有锦上添花的寓意。此处享受着欢喜浪漫的不仅是蝴蝶，还有眼前的才子佳人。

357

观复猫 《燕寝怡情图》

钻入古画的观复猫

王情圣与黄小仙钻进《燕寝怡情图》册页的"红鞋定情"一幅，可以说是佳偶天成，喵不负其名。王情圣日常是出了名的话痨、自来熟，只要见人必定先开口打招呼。不管来者如何拒绝，只要还有希望，他就必定会抓住机会在你身前脚后来回穿梭地聊上一阵儿。想必在画中面对着娇嗔的黄小仙，他一定是情话连篇，句句的海誓山盟。黄小仙生得娇俏，橙黄的杏仁眼时刻含情脉脉，让人很难不生怜爱。

纤云弄巧，飞星传恨，银汉迢迢暗度。

金风玉露一相逢，便胜却人间无数。

柔情似水，佳期如梦，忍顾鹊桥归路。

两情若是久长时，又岂在朝朝暮暮。

两情长久也好，朝朝暮暮也好，观复猫唯愿天下有情喵终成眷属。

观复猫

GUANFUMAOSHUOWENHUA

说文化

"桃花洞"观音瓶

清乾隆　观复博物馆藏

"桃花洞"色斑釉是乾隆时期创新的品种。制瓷工匠别出心裁，以吹釉技法将胭脂红、松石绿、娇黄、钴蓝的釉料不规则地铺在白色地子上，想法新异，前所未有。

清代乾隆时期桃花洞观音瓶，造型典雅，撇口、短颈、丰肩，肩下弧线渐收至底足，线条流畅似女性柔美身姿，婀娜有致。再以别致的"桃花洞"色斑釉装饰，美感自然天成，前卫大胆。

矾红粉彩鱼藻纹折沿盆

清乾隆　观复博物馆藏

国人培育观赏金鱼的爱好由来已久。关于金鱼的记载在晋代已出现，至唐宋开始人工培养并用于观赏，至明代晚期已蔚然成风。这件折沿盆选用低温矾红釉料描绘金鱼，颜色自然，形象生动。又以粉彩工艺细致描画水草摇曳的形态，完美展现出金鱼畅游水草间的灵动与活泼。同时又取"金鱼"与"金玉"谐音，寓意"金玉满堂""连年有余"。

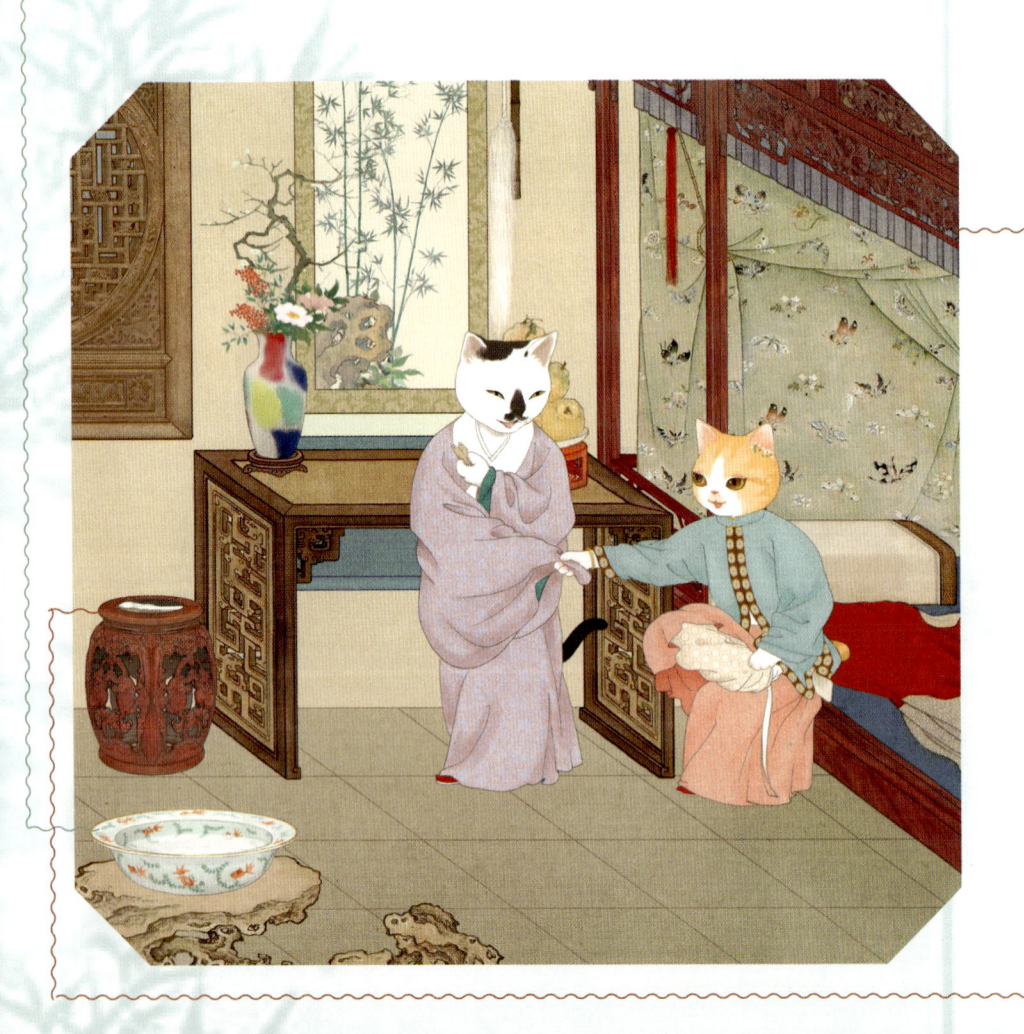

黄花梨攒围子架子床

明晚期　观复博物馆藏

架子床是古人寝卧时使用的家具，等级较高，在财富组成中占据重要位置。架子床带有立柱，冬天挂帐保暖，夏天挂纱防虫，有一定的私密性，不易受外界打扰。四面围栏增加了床的有效使用面积。

这件六柱架子床为经典之作，框架、围板等均为黄花梨制作，床面为棕绳编织，上部牙板处装饰透雕纹样，如双龙纹、四合如意纹、万字锦地等纹饰，无一重复。

红木理石面双鱼纹绣墩

清中期　观复博物馆藏

明清时期常称圆形的凳为"墩"。"绣墩"的称呼应是源自人们在墩面上加盖绣片的使用习惯，这样做既增加了舒适的使用体验，又美观。

这件红木理石面双鱼纹绣墩用料大方，设计巧妙。凳面镶嵌黑白相间的大理石，凳身五处开光，在每处开光的顶部中心位置雕刻铺首衔环，其下镂空地子，透雕双鱼纹。双鱼呈对立造型，嘴衔铺首环，样式欢快热闹，寓意"吉庆有余"。

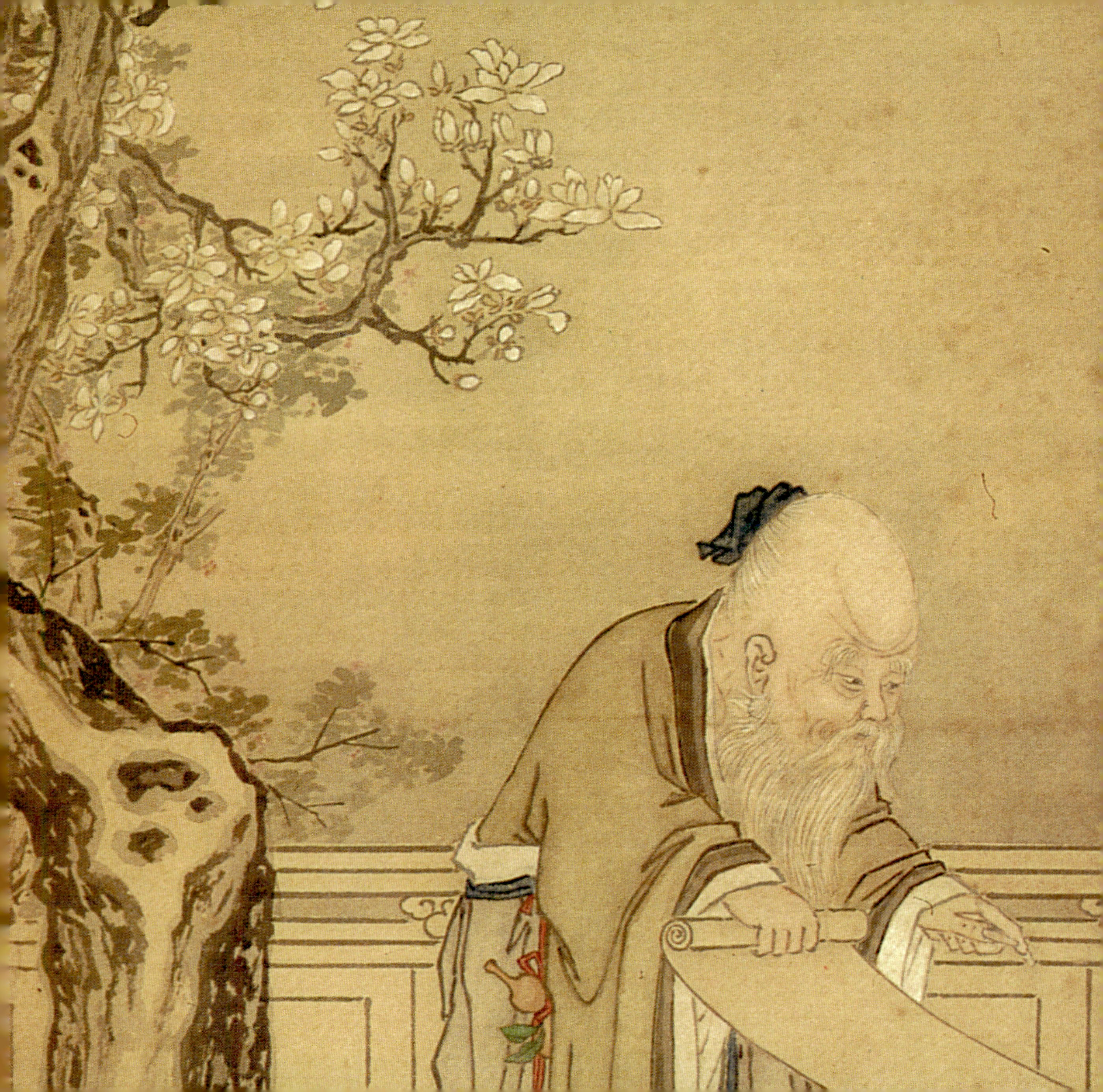

福禄寿人物图

人类永恒的美好愿望

古画
GUHUACHUANQI
传奇

福禄寿三星

福星、禄星、寿星最早起源于人们对自然界的星象占卜和神仙信仰，最初就是指天上的星辰。福星即木星，古代将木星称为岁星，认为岁星是赐福之星，凡被岁星照耀的地方都会有福气。禄星，古人认为就是文曲星，掌管世间文人的文运利禄。寿星，古称老人星，或南极老人星，在夜空中能持续不断地发光，为长寿的象征。旧本题为唐代李淳风所撰的古籍《观象玩占》里说："老人一星，在弧矢南，一曰南极老人，主寿考，一曰寿星。"因南极老人星之名，神仙化的寿星也被称作南极仙翁。

天上的星辰虽好，但终究可望而不可即。于是人们按照自己的理解演绎出星官，从此福禄寿三星具有了非同寻常的神性和独立人格。福禄寿三星开始时各自独立，各有信众。明朝之后，人们把三星组合到一起，共同表达美好的寓意和愿望。福禄寿在民间颇具影响力，封建王朝曾借助他们来实行自己的统治教化。道教也曾对这一主题大加推崇，以巩固自己的宗教地位。

福，代表福气；禄，代表官爵；寿，代表长寿。随着流传范围日益广大，福禄寿三星走下神坛，成为民间十分亲近、熟悉的神仙，代表了大众世俗理想的真实写照。他们的神化形象出现在民间生活的方方面面，其中尤以文学作品和艺术品使用最多。从存世的各类艺术品中，我们可以看到代代相传的神仙模样。福禄寿三星均为男神形象：福星天庭饱满，脸含笑意，身旁常伴蝙蝠、如意等图案；禄星常穿官服，配饰华贵，身旁常伴官印、鹿等图案；寿星则最为特别，通常是老人形象，白须白眉，手持仙杖，额头高高凸起，身边常伴桃、鹤等图案。寿星与众不同的大额头，应与古代养生术营造的长寿意象相关，也成为寿星独有的特征。

神仙聚会

故宫博物院所藏《福禄寿人物图》（原称《人物图》），纸本设色，纵142.1厘米，横88.2厘米。画面描绘了代表福、禄、寿的三位神仙人物，构图精致，笔触细腻，是一幅典型的清代宫廷画作。

画面环境处于室外，一段曲折的围栏延续着画面的纵深感。三位神仙呈三角形站位，另有三位仙童立于他们身旁。右上角的神仙三缕长髯，眉目清俊，手持如意，头戴五梁镶珠金冠，颈佩金项圈，服饰华贵，正是掌管功名利禄的禄星。禄星对面的老人胡须花白、额头饱满，腰悬葫芦，是掌管世人寿数的寿星。寿星与禄星正对着一幅打开的画卷欣赏品评。画卷上仅有小小的太极阴阳图案，充满了道家的玄妙感。禄星身边有两个仙童，一个协助展卷，一个替寿星执杖。

画面前方另有一个仙童手捧花瓶，瓶中插满鲜花，瓶身以红色锦缎包裹扎系，形似包袱。仙童将花瓶递向一位头戴蓝巾、慈眉善目、丰颐浓须的神仙。因花瓶外的"包袱"与"包福"谐音，看来这位神仙就是掌管世间福气的福星了。

此画人物设色艳丽，表情服饰刻画精致，但作为背景的山石树木、栏杆桌凳却寥寥几笔，不做更细致的描绘。这种画法也许是画家个人的风格，以简托繁，以素托艳，让福禄寿三星瞬间成为画面焦点。

庄豫德与"臣"字款

《福禄寿人物图》这样带有吉祥寓意的画作，其目的明显是取悦皇家。此画的作者是庄豫德，他是清代乾隆后期宫廷里的专职画师，擅长人物、道释。关于他的生卒年、字号、籍贯均不详，可见他在清宫中属于地位不高之人。清代宫廷画师不像宋代画家那样拥有专门的官职，通常只

《福禄寿人物图》 清代 故宫博物院藏

臣莊豫德恭畫

被称作"画画人"。

清代人胡敬在画史著作《国朝院画录》中写道："盖画院名手，不离工匠。"可见清代的宫廷画师大多地位仅与工匠等同。根据内务府档案记载，康熙、雍正时期的宫廷画师，甚至被带有轻蔑意味地称作"南匠"。到了乾隆九年（1744年），乾隆下旨："春雨舒和并如意馆画画人嗣后不可写南匠，俱写画画人。"即便如此，除了极受皇帝重视和喜爱的人，大部分画师的处境和地位并无太大改观。如同庄豫德一样，他们中的多数人并无具体记载，作品内容也大都受到严格限制，成为完成皇帝意愿的工具。

《福禄寿人物图》的左下角书有："臣庄豫德恭画。"这是清宫绘画署名上一个较为明显的特点：大多数画师署名时都会冠以"臣"字。

清代的"臣"字款大概可分为以下几种。首先是来自皇室宗亲中一些擅长画画的人，如康熙皇帝的第二十一子胤禧等。他们是身份高贵的王公贵族，并非职业画师，但如果在宫廷中为皇帝作画，也需要在名字前加上"臣"字。其次是以自身绘画才华来取悦皇帝的官员大臣，需要在署名前面加上"臣"字。还有一种情况是皇帝外出巡视时，一些民间画师进献的作品，也需要带有"臣"字。这些民间画师的作品如果受到皇帝欣赏，本人就有入宫供职的机会。最后当然还有那些宫廷职业画师，即"画画人"的作品。按照规定，他们在作品上署名，名字前必须带有"臣"字。

综上可见，凡署有"臣"字款的作品不一定都是宫廷职业画师所作，但宫廷职业画师的画上必定要署"臣"字。

观复猫《福禄寿人物图》

钻入古画的观复猫

观复猫版的《福禄寿人物图》请到了三位重量级嘉宾饰演：德高望重的理事长花肥肥，风流倜傥的资方大儿子马都督，以及脾气超好的小干部孟大咖。

最为年长的花肥肥顺理成章地饰演寿星。花爷爷慈祥极了，正在耐心地给后辈马都督讲解这幅《八卦图》。一直以来被大家看作"猫生赢家"的马都督，自诩才高八斗、文武双全，志得意满地饰演禄星。不知《八卦图》的寓意，都督懂了没有？

至于心宽体胖、一脸福相的孟大咖，当然要负责稳压整幅画的气场，完美饰演福星。孟大咖旁边还有可爱的小刺猬做助演，咖咖可谓超有福气。

观复猫

说文化

GUANFUMAOSHUOWENHUA

粉彩缠枝莲纹包袱瓶

清嘉庆　观复博物馆藏

包袱瓶创烧于清雍正时期，流行于乾隆、嘉庆两朝，以粉彩较多见。在瓶身肩部装饰凸雕的包袱皮或者束带，丝织物的褶皱起伏细腻精致，宛若女子肩头环绕的披肩。用坚硬的瓷土来表现柔软的丝织物，用色彩鲜艳柔和的粉彩来表现丝织物的美感，两者的结合达到审美的极致。

此外，"包袱"与"包福"为谐音，寓意幸福吉祥，因此包袱瓶成为宫廷皇家常见的御用之物。此件嘉庆时期的包袱瓶保留了乾隆时期的工艺特征，器型线条优美，黄地之上绘出缠枝莲及包袱皮，用色明丽。底署三行六字篆书款"大清嘉庆年制"。

蓝地粉彩云鹤纹天干地支转心笔筒
清乾隆　观复博物馆藏

智慧的古人以天干地支作为计算时间的方法，记录着从古至今的岁月流转。此件转心笔筒，设计极为精妙，筒身分为上下两部分，可以转动，上部书写天干，下部书写地支，转动时天干、地支相互对应，标明时刻或年份。笔筒内施松石绿釉，矾红描金口足，筒身蓝地上轧道蔓草纹，以粉彩绘出云鹤纹、红蝠（洪福）纹、暗八仙纹等，色彩华美，寓意吉祥。

紫檀柄百宝嵌白玉如意
清乾隆　观复博物馆藏

马都督手持的如意，以紫檀为材，首部镶嵌椭圆形瓦子，尾部嵌扇形玉饰，玉饰上都雕琢鹌鹑与谷穗，寓意"岁岁平安"。紫檀木柄以百宝嵌工艺镶嵌"佛八宝"装饰，按照顺序为"轮、螺、伞、盖、花、罐、鱼、长"，八宝间以螺钿嵌有篆书"吉祥如意"四字。佛八宝为佛前供器，藏文称为"八吉祥相"，由法轮、法螺、宝伞、白盖、莲花、宝罐、金鱼、盘长八件组成。因为寓意吉祥，佛八宝成为艺术品中常用的纹饰。

轧道矾红海水龙纹水丞（带铜勺）

清嘉庆　观复博物馆藏

水丞为文房用具之一，是置于书案上的贮水器，可供研墨时随时加水取用。这件水丞呈马蹄形，配有木制底座以及龙头柄铜勺。器身以矾红表现龙纹，色泽艳丽。矾红以氧化铁为着色剂，色泽往往带有一种橙子般的红色。另外为了表现波涛汹涌的感觉，此件水丞还使用了白地轧道。

轧道是清代瓷器上新出现的一种装饰工艺，即以铁锥在色地（胭脂红、黄、蓝地）上划出底纹。轧道始见于雍正珐琅彩瓷器，在乾隆珐琅彩、粉彩瓷器上较为流行。因其工艺复杂，所以技术难度较大。

黄花梨雕龙纹平头案

明晚期　观复博物馆藏

此件平头案为黄花梨材质，尺寸硕大，扁方腿，较一般案子腿足略粗，显得壮硕有力，侧面有双管脚枨。案面与腿足采用夹头榫连接，牙板浮雕螭龙纹，雕工细腻。黄花梨案面纹理优美，冰盘沿线脚设计干净利落，"鬼脸"特征随处可见，为黄花梨家具中的上品。

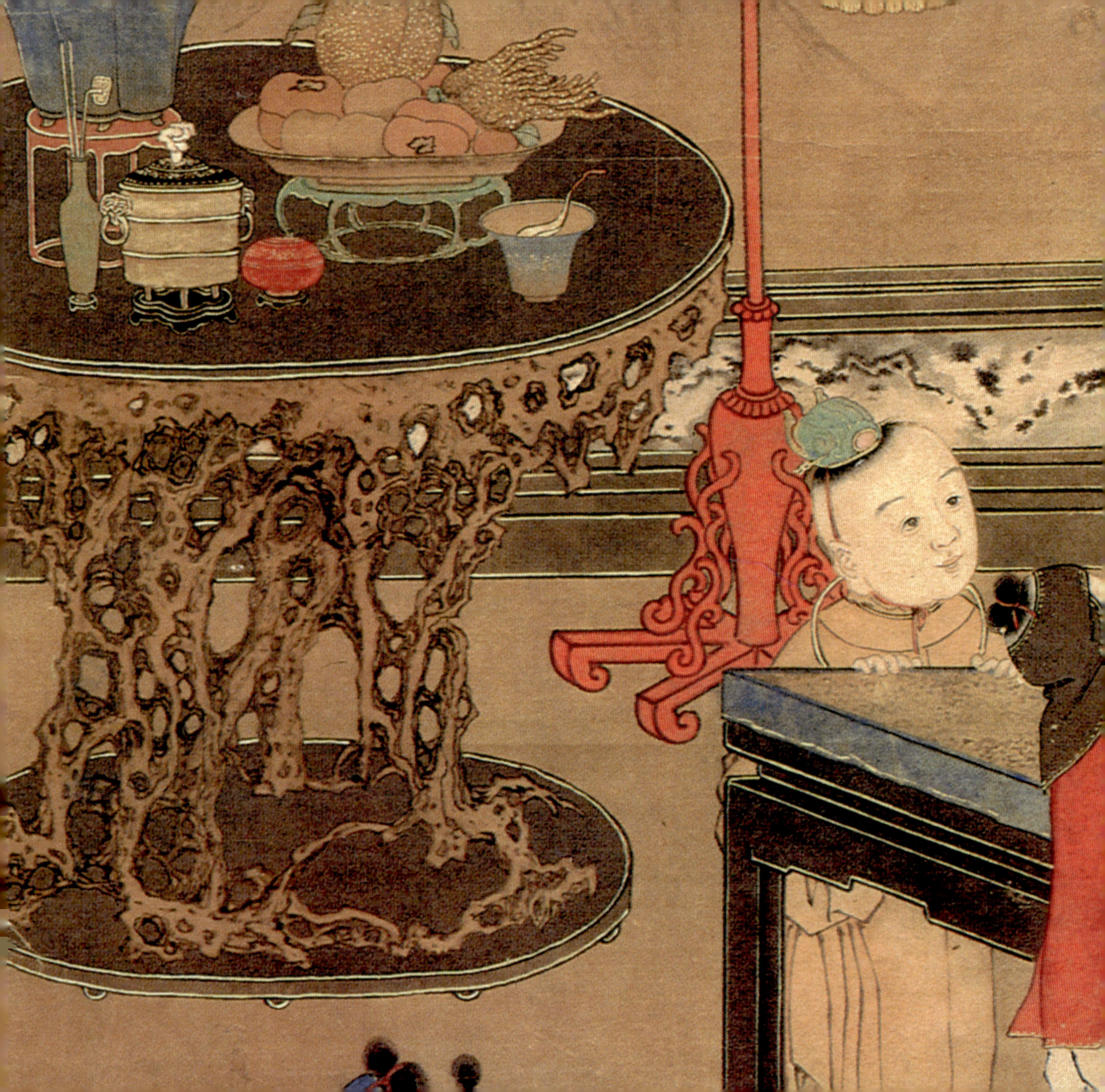

吉庆图

儿童版宫廷佳节"音乐会"

古画传奇

GUHUACHUANQI

佳节"音乐会"

冯宁，江苏松江（今属上海）人，是清代乾隆后期至嘉庆时期供奉内廷的画师，擅长人物、楼阁。故宫博物院所藏《吉庆图》即为冯宁作品，纸本设色，纵141厘米，横87.1厘米，是宫廷逢年过节祈福迎祥的应景之作。不同于我们印象中皇宫里盛大的节日仪式、奢侈的宫廷聚会，这幅画选取的只是一个小小的场景：一件山水纹折屏作为画面背景，在一名男子的陪伴下，几名天真烂漫的孩童正在屏风前嬉戏玩闹。

从服饰装扮上来看，这些孩童应是宫廷里的皇子或公主。倘若大胆猜想，此时的皇帝或许正带着众嫔妃在屏风的另一面宴饮聚会，年幼的皇子、公主还不便参与正式隆重的宴会，便被带到屏风后面玩耍。小朋友们倒也乖巧懂事，各自游戏，透露出童趣天真。画面中除了几名孩童，还有一个成年人的背影，他头戴蓝色巾帻，服饰考究，正专注地看着几个孩子。画师冯宁以敏锐的洞察力，捕捉到了这一温馨的场景并将其描绘于纸上。古人崇尚"多子多福"，尤其对于皇家来说，拥有继承人极为重要，乾隆皇帝就有17位皇子和10位公主。画中描绘众多皇子温馨相处的场景，一定程度上也表达了皇家对多子的期盼。

仔细观察会发现，这些小朋友正在举办一场小型"音乐会"。画面中间一张硕大的桌子上放置着一柄白玉如意、一个插着松梅的官釉花瓶，以及一件天然木的磬架子。一名身着红衣的孩童脚踩小凳，手持小槌，正在跃跃欲试地伸手敲击着这场音乐会的主要乐器——磬。桌旁站着另外两名年龄稍大的孩童，衣着都十分华丽，一人颈佩纯金项圈，头戴青玉五梁发冠，另一人头戴有珠玉装饰的红色抹额。他们睁大好奇的眼睛，一脸兴奋地充当了这场音乐会的听众。

除了击磬，这场"音乐会"还隐藏了其他乐器，如不仔细观察非常容易忽略。看到画面左下角的两个小朋友了吗？其中一个头扎双髻，身着月白色衣衫，头戴有金花流苏装饰的蓝色巾帻。他背对着观众，露出手中所持的"扇子"。但画面中表现的应是寒冬季节，屋内还放着取暖所用的炭盆，并不需要扇子降温。原来孩童手中拿的并不是一把扇子，而是一把模样很像扇子的手持小鼓。他的另一只手里握着小棍，做出敲击的动作。小鼓被轻轻击响的同时，对面身穿红色短衫、外搭交领坎袖外衣的小朋友，也拍着手打起了节奏。二人仿佛正在密切配合，一边"击鼓奏乐"，一边唱着有趣的歌谣。好一派温馨童真的浪漫场景！

特别的吉庆装饰

欣赏了这场小朋友带来的"音乐会"，我们再来看看这幅画中丰富的节日吉庆元素。

桌面上放置的这架磬，既是这场"音乐会"的主力乐器，又有着独特的吉庆内涵。由于"磬"同"庆"谐音，带有喜庆吉祥之意，所以它常在表达祈福氛围的场景中出现。比如"磬"与"蝙蝠""鱼"等图案组合时，通常寓意"福庆有余"，是中国古代流行的吉祥图案之一。

磬是中国古代的打击乐器之一，形状有些像曲尺，通常用玉石或金属制成，声音清亮悦耳，颇有特色。磬在历史上出现得很早，最早以石为材，唐宋以前主要在一些宴飨、祭祀、朝聘等礼仪活动中使用，是象征帝王或统治者身份、地位的礼器。

山水纹折屏前方立着一件红漆架子，悬挂着金色提梁六方花篮。花篮装饰着由青玉、珍珠、黄色绦子组成的流苏，十分精致华丽。花篮里插着新鲜的牡丹与玉兰，这些春日才会开放的鲜花与画面表现的寒冬季节似乎相悖，但实际上中国早已用温室来培育花卉了。明代的《帝京景物略》里记述北京右安门外草桥的居民以种花为业，四季鲜花不断："草桥惟冬花，支尽三季之种，坏土窖藏之，蕴火坑烜之。十月中旬，牡丹已进御矣。"可见民间的花卉还未开放，宫廷中就已有供奉了。牡丹自古以来就被称作"花中之王"，佳节时陈设，寓意"花开富贵"。

画面左上角的一张天然木圆桌上也摆放着诸多物品，有花盆、果盘、瓶子、香炉、盒子等，这代表的是另一种有吉祥寓意的习俗——岁朝清供。岁朝，就是一岁之始，正月初一。这一称谓在各个时期不尽相同，《汉书·五行志》

《吉庆图》 清代 故宫博物院藏

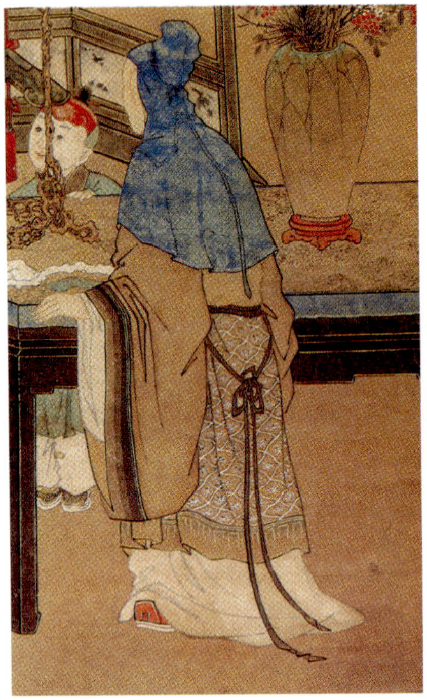

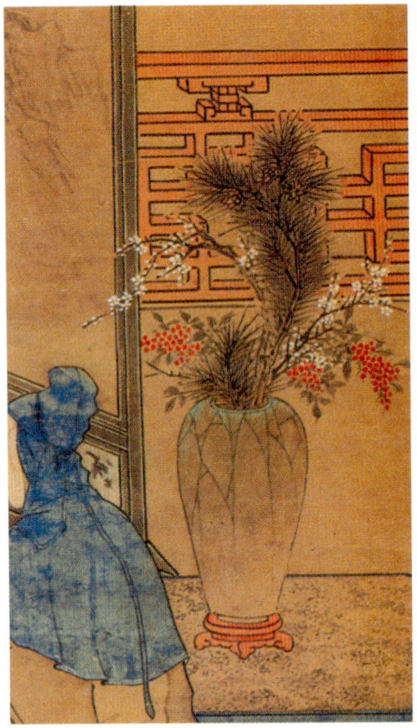

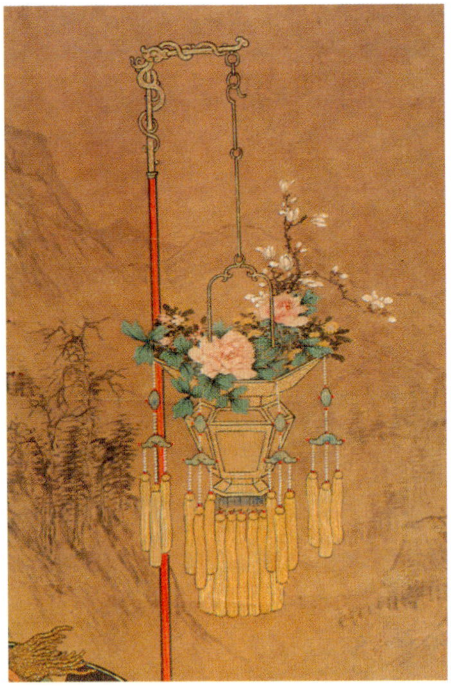

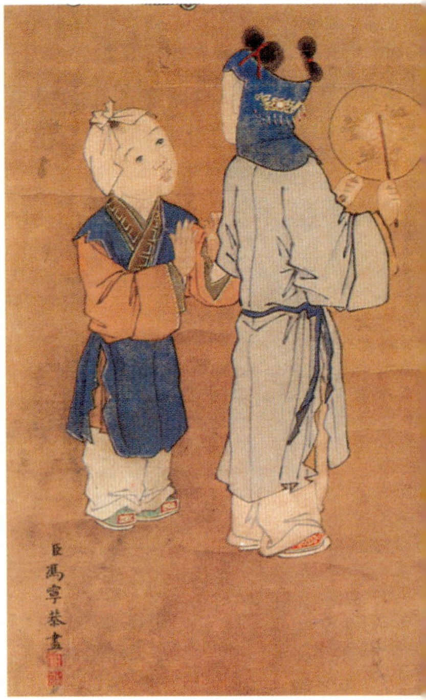
臣馮寧恭畫

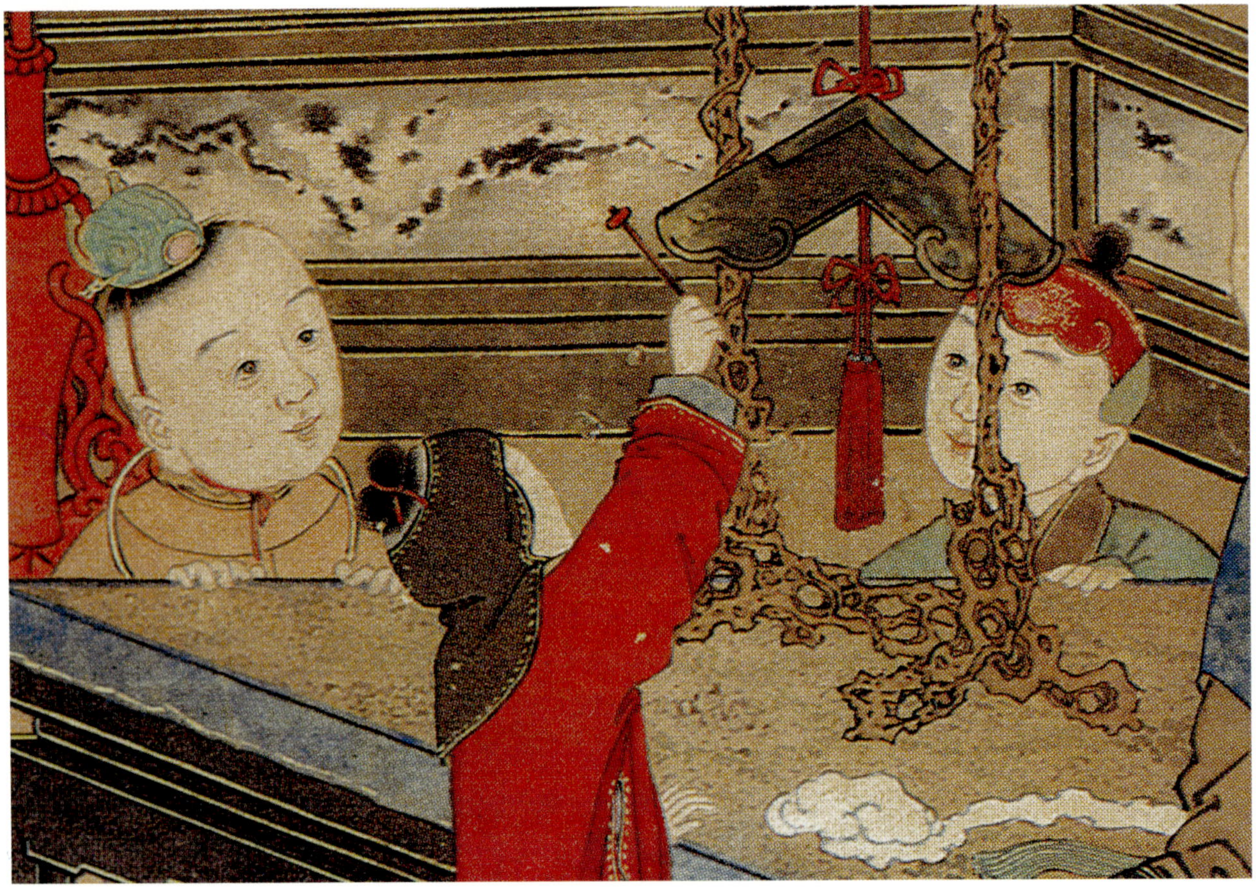

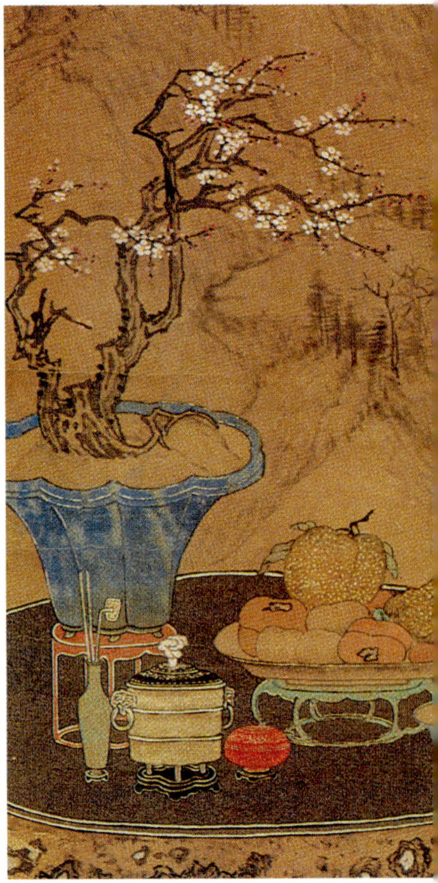

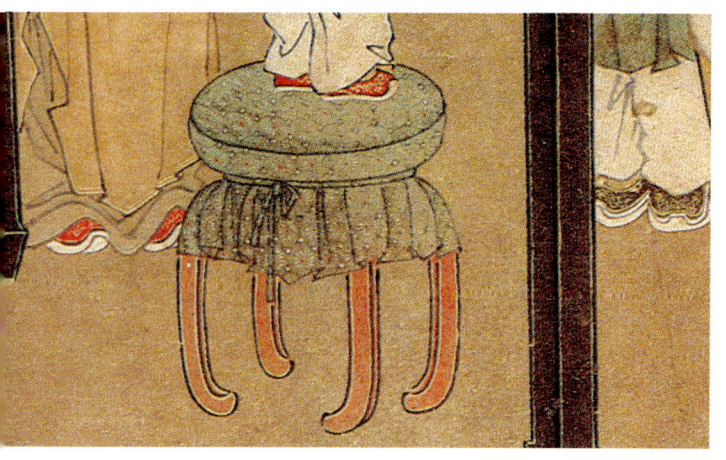

讲"岁首、正月、朔日,是为三朝",《后汉书·周磐传》中也有"岁朝会集诸生,讲论终日"的记载。清供,也称清玩,是放置案头供欣赏的一些清雅陈设,如瓜果、奇石、文玩之类。

岁朝之时,宫廷和民间都喜欢摆放寓意吉祥的陈设来迎接新年。圆桌上放置一盆梅花,花前有一组"瓶炉三事",分别是香炉、香盒、箸瓶。香炉散发出的熏香与梅花的清香相互交缠,萦绕在这个小小空间中。桌上另有一盘,盛有柿子、柑橘、佛手等瓜果,取其"事事如意、大吉大利、多子多福"的吉祥寓意,以衬托节日的喜庆氛围。

一幅记录清代宫廷新春佳节之作,画师没有选择表现盛大的节日活动,而是注意观察生活,选取了几名孩童嬉戏玩耍的温馨场景,充满平和童趣,又处处展现了浓厚的节日气氛,是一幅值得用心感受的画作。

观复猫《吉庆图》

习都督

麻条条

钻入古画的观复猫

云朵朵

宋球球

马霸霸带孩子们去清宫过节了！几名观复猫都被画成幼年模样，实在是太可爱了！今天出镜的"小朋友"都有谁呢？

既然是和马霸霸同行，当然会带着有"资方大儿子"名号的马都督啦。画中都督一改往日酷酷的面容，神情天真可爱，简直是一名乖宝宝。作为这场音乐会的主要"乐手"，宋球球饰演敲磬的红衣小孩，顽皮的性格也贴切，他露出的"鞭打绣球"花色十分有辨识度。左下角童年版的云朵朵和麻条条也是萌力十足，聊得开心，难道是在商量怎么花马霸霸给的压岁钱？

这个节大家都过得太开心啦！

观复猫

GUANFUMAOSHUOWENHUA

说文化

粉彩麻姑献寿纹折沿盘

清雍正　观复博物馆藏

雍正时期器物绘画题材中，以山水花卉为多，人物较少。此盆广口折沿，口沿描绘琴棋书画。盆内绘麻姑祝寿图，麻姑面部略施脂粉，衣着勾勒细腻。雍正时期典型的美人，脸都被画成鹅蛋圆，俗称"鹅蛋脸"。传说麻姑曾在三月三日西王母寿辰上敬献灵芝仙酒，祝祷福寿安康，因此麻姑献寿纹样常用来表达对女性长者的祝福。这件折沿盆制作规整，画工精美，是雍正时期的精品。

紫檀嵌楠木面打洼长方桌
清中期　观复博物馆藏

这件紫檀长桌形制规整，直腿，内翻马蹄足。桌体通身没有多余雕工，腿部、边抹及枨的外露面都采用了"打洼"工艺，让其形成弧面，这种工艺十分复杂且有难度。此桌的桌面选用楠木材质，楠木木性温润，肌肤触之不凉；其余部位用紫檀材质制成，色泽深沉，静穆雍容。楠木为软木之首，紫檀为硬木之首，一软一硬，一黄一紫，相得益彰。

斗彩翠竹纹梅瓶
清雍正　观复博物馆藏

梅瓶原是一种盛酒器，在清代常用于陈设、插花。此件梅瓶撇口，细颈丰肩、腹下渐收，近足处转为直壁，足底为玉璧底，正中为青花"大清雍正年制"双行六字楷书款。梅瓶整体腹部上提，比例协调，使造型显得分外精神。瓶身以斗彩装饰翠竹及竹笋，设色淡雅，仅在肩颈及足跟部出现少量红彩，相互呼应，让整瓶主次分明，和谐统一。翠竹是古代文人喜爱的图案，带有君子之意，彰显文人风格。

翡翠磬

清代　观复博物馆藏

磬是一种打击乐器，多用玉石和金属制成。中国的古磬大致可分为两种：一种是单件敲击演奏，一种是多件组合而成的"编磬"。磬最初作为一种礼器使用，发展到后来，磬的礼乐功能逐渐消亡，多用于观赏和陈设。此件翡翠磬选材名贵，磬面雕刻草龙纹，磬下装饰摩羯鱼。磬下方还带有翡翠打造的链条装饰，这种环环相扣的工艺难度极高。击磬，谐音"吉庆"，表达了人们对吉祥喜庆的企盼。

金鼠

明代　观复博物馆藏

鼠聪明神秘，具有灵性，生命力旺盛，善生善育；又因其天性喜好囤粮，善于积攒，故在民间有旺财旺福之说。此件金鼠五官刻画细致入微——菱形眼睛，圆形鼻孔，嘴巴尖立，胡须分明。双耳呈直立状，十分警觉。全身肌肉饱满，尾巴细长，前肢抬起，后肢立于椭圆形台面上，呈跳跃状，整体动感十足。

观复猫

觀復博物館 GUANFU MUSEUM

花肥肥 理事长	黄枪枪 常务理事	马都督 常务理事	花飞飞 秘书长
中华狸花猫 · 观复功勋 元老喵	 中华田园猫 · 退休养老 傲娇喵 [猫谱：金索银瓶]	 美国短毛猫 · 肉大身沉 资方喵	 中华狸花猫 · 理事长转世灵童喵

小二黑 安保馆长	戴南瓜 纪检馆长	王情圣 宣传馆长	谢鸳鸯 接待副馆长
中华田园猫 · 威武霸气 武侠喵 [猫谱：啸铁]	 中华田园猫 · 可盐可甜 王者喵 [猫谱：金被银床]	 中华田园猫 · 奥斯卡影帝 戏精喵 [猫谱：衔蝉]	 中华田园猫 · 特立独行 随性喵 [猫谱：拖枪负印]

李对称 馆员	宋球球 馆员	黄小仙 馆员	程两两 馆员
中华田园猫 · 对称美学 代言喵 [猫谱：踏雪寻梅]	 中华田园猫 · 调皮捣蛋 少爷喵 [猫谱：鞭打绣球]	 中华田园猫 · 古灵精怪 仙女喵 [猫谱：金被银床]	 异国短毛猫 · 泪目少年 加菲喵 (扁脸易流泪，照顾最心累)

杨家枪 馆员	苏二花 馆员	大阿宝 馆员	牛魔王 馆员
中华田园猫 · 狩猎高手 捕鼠喵 [猫谱：雪里拖枪]	中华田园猫 · 温柔多情 霸王喵 (天生漏斗胸，所以没绝育)	 中华田园猫 · 深夜蹦迪 国宝喵	 中华田园猫 · 牛年最牛 牛气猫

莫小奈 馆员	米麒麟 馆员	毛森森 馆员	赵明明 实习馆员
中华田园猫 · 印象画派 文艺喵 (天生颈椎病，爱抚要注意)	 中华田园猫 · 资方孙女 团宠喵 (天生麒麟尾，绝非后天断)	缅因库恩猫 · 身材魁梧 热情喵	 中华田园猫 · 双瞳剪水 美瞳喵 [猫谱：四时好]

花名册

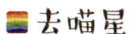

观复猫 GUANFU CATS

■ 男喵 ■ 女喵 ■ 去喵星

麻条条
运营馆长
● 观复劳模 事业喵
美国短毛猫

金胖胖
接待馆长
● 古道热肠 八卦喵
中华田园猫
[猫谱：金丝虎]

云朵朵
营销馆长
● 激萌可爱 颜值喵
英国短毛猫

蓝毛毛
学术馆长
● 满腹经纶 学术喵
英国短毛猫

布能豹
宣传副馆长
● 朝气蓬勃 跑酷喵
孟加拉豹猫
[V脸大长腿，真的不能抱]

岳家枪
馆员
● 热衷约架 柠檬喵
中华田园猫
[猫谱：雪里拖枪]

庄太极
馆员
● 太极阴阳 哲理喵
中华田园猫
[猫谱：滚地锦]

花荣荣
馆员
● 绶带轻裘 公子喵
中华田园猫

韩昏晓
馆员
● 钟灵神秀 惜福喵
中华田园猫
[天生的阴阳脸]

郑小墨
馆员
● 天真烂漫 乐观喵
中华田园猫
[猫谱：啸铁]

和小幺
馆员
● 冰炫蓝瞳 英俊喵
中华田园猫
[猫谱：四时好]

苏格格
馆员
● 明眸皓齿 闺秀喵
苏格兰折耳猫
[折耳虽然萌，遗传病会痛]

令狐花
馆员
● 七巧玲珑 聪明喵
中华田园猫

杜拉拉
馆员
● 深情忧郁 王子喵
混血猫

孟大咖
馆员
● 面黑心暖 温柔喵
英国短毛猫
[毛多显大显胖，体重12斤]

左罗罗
馆员
● 阳光少年 开心喵
暹罗猫

猫馆长呼吁：用领养替代购买，让生命不再流浪！

观复猫礼

观复猫古画马克杯

口径：8cm
高度：9cm
容量：260ml

观复猫钻进古画，让历史变得有趣。
《列女仁智图》表现卫灵公与夫人夜坐，闻马车声而识贤臣的故事。
《撵茶图》描绘了马霸霸与观复猫一起举办风雅茶会的场景。
观复猫为伴，每日饮水好心情！

观复猫古画明信片

长度：23cm
宽度：10.4cm

收录六幅经典观复猫版古画，宽幅设计完美，展现画面精彩。
用接地气的方式领略中国古代绘画的博大精深。
不愧是"史上最有文化的猫"！

观复猫古画盲盒冰箱贴

长度：9cm

宽度：9cm

观复猫又有新玩法啦！

可爱的观复猫钻进中国传统古画，并以此设计精美冰箱贴。

陶瓷质地，色彩还原度高。

采用趣味盲盒形式，每款都好看，打开是惊喜。

观复猫古画香道随行套装

香道包：19.5cm×8.8cm

线香筒：13.4cm×1.7cm

龙龟香插：2.8cm×1.6cm

选取观复猫版《韩熙载夜宴图》《簪花仕女图》。

设计可随身携带的精巧香道包、线香、龙龟香插。

跟着观复猫一起燃香，慢品香道，意蕴深长，心安体畅。